Holger Kuße
JöRG II

Holger Kuße

JöRG II

Geschichten und Science Fiction

EDITION
Noack
Block

Umschlagabbildung: *Der Vulkanbeobachter* © Susanne Ebert

ISBN 978-3-86813-084-3

Herstellung durch Frank & Timme GmbH,
Wittelsbacherstraße 27a, 10707 Berlin.
Gedruckt auf säurefreiem, alterungsbeständigem Papier.

www.noack-block.de

Vorwort

Dies sind weitere Geschichten von JöRG, wie es mit ihm weiterging. Manche weisen in die Zukunft. Deshalb heißen sie Science Fiction, aber auch diese Geschichten sind natürlich Geschichten. Nicht alle handeln von JöRG, auch wenn in ihnen gelegentlich JöRG vorkommt und etwas sagt. Die Geschichten, die von JöRG handeln und in denen es um JöRG geht, haben einen langen Titel mit einem wichtigen Wort. Das Wort ist Und. Und verbindet verschiedene Dinge, auch solche die nicht zusammenpassen. Das passt gut zu JöRG. Und das ist leicht zu merken.

Inhalt

Die Kiwis und andere Angelegenheiten

Als JöRG wieder auftauchte, saß er in einem Büro. Bei anderen ist es so, dass sie klammheimlich aus ihrem Büro verschwinden. Auf einmal sind sie nicht mehr da und tauchen mit langem Bart oder – nach Geschlecht und Geschmack verschieden – im Bastkleidchen auf einer einsamen Insel wieder auf. JöRG hingegen verschwand von der einsamen Insel, auf der ihn alle, und ich am meisten, verloren glaubten, und saß ganz unvermutet in einem, dem seinen, Büro. Zuvor hatte er sich, wie berichtet wird, zwei Krawatten, einen silbergrauen Anzug, ein vergoldetes Smartphone und sogar eine goldene Uhr gekauft, und legte das Smartphone, kaum hatte er sein Büro bezogen, auf den Bürotisch und die goldene Uhr daneben. Er setzte sich hinter den Tisch, drückte die entscheidende Taste des Tischtelefons und ließ ein wichtiges Schild an der Bürotür anbringen. JöRG konnte sowas eigentlich schon immer, aber probiert hatte er es an dem Tag das erste Mal. Das war der erste Tag.

Ich erfuhr davon nur durch Zufall. – Du wirst es nicht glauben, erzählte eine Freundin, die ich kaum kannte. Die Freundin schminkt sich immer sehr stark. – Du wirst es nicht glauben, erzählte sie – JöRG sitzt in einem Büro in der Hubertus-Jäger-Straße – erste Adresse, wie jeder weiß: sanierter Altbau und Innen sowas von Spacy! Allein schon der Aufzug in die vierte, ach was, fünfte Etage – das ist die CHEFETAGE! – ich sage dir: ein Schwebegefühl im Bauch, echt wie Schwerelosigkeit … also, was so eine wie ich sich unter Schwerelosigkeit vorstellen kann. – Sie grinste verlegen und nippte am Rosé. Nach einer Pause: – Da musst du mal hingehn! Unbeschreiblich.

Mir krampften sich die Eingeweide zusammen. JöRG wieder da und diese Tussy wusste davon, war schon bei ihm gewesen. Und ich sitze da wie, wie – ach lieber gar nicht drüber nachdenken.

Lieber diese Frage stellen: Was denkt sich dieser JöRG eigentlich dabei, für Jahre zu verschwinden, sich quasi für vermisst erklären zu lassen und dann in einem Büro aufzutauchen, einem teuren Büro noch dazu, und MIR NICHTS zu sagen, sich NICHT ZU MELDEN? Wie ist das? Was ist das? Das Karo der Tapete startete einen Angriff, stach mich in die Seite, warf mich nahezu zu Boden. Wenn ich nicht so stark wäre! Die Tussy lächelte trübe über ihren Rosé. Ob die überhaupt irgendwas begriff? Oder begriff sie sehr viel? Wilde Drachenschwärme stiegen in mir auf, doch wenn mehr als drei Drachen in dir aufsteigen, dann wird dir nur schlecht, und das ist nur peinlich. Also gut, dachte ich: Ohne Drachen! JöRG ist wieder aufgetaucht und hat ein eigenes Büro. Ich fuhr mit der Zunge über die Lippen, nippte an meinem Weißwein, lächelte genüsslich und sagte ganz leise: – Wie schön, das schau ich mir dann mal an …

Am nächsten Morgen war ich sicher. Wahrscheinlich ist es gar nicht JöRG. Wie soll die da mit ihrem Rosé eigentlich wissen, dass JöRG in einem Büro sitzt? Klar, viele meinen, JöRG zu kennen, aber die irren sich, verwechseln ihn. Jeder kann JöRG sein. Da gehst du durch die Stadt und denkst: Ach, da ist JöRG, dort ist JöRG, da sitzt JöRG, da steht er gerade auf der Rolltreppe, aber natürlich ist es niemals JöRG, sondern irgendein Heinz-Peter, Achmed oder Vladimir. Die sind alle gleich und jeder kann JöRG spielen und manch einer macht sich einen Spaß draus und tut so, als sei er JöRG, und es gibt natürlich immer jemand, die darauf reinfällt, besonders die, die Rosé trinken, die am allermeisten.

So gestärkt machte ich mich auf den Weg. Ich rechnete schon längst nicht mehr damit, dass ich JöRG irgendwo antreffen würde. Das war klar. JöRG war hin, abgesprungen über einer einsamen Insel und aufgefressen von Kannibalen, die unter den heutigen Bedingungen niemand würde zur Rechenschaft ziehen. Damit musste man sich abfinden. Aus und vorbei. Aber das tolle Büro, das interessierte mich. Niemand soll glauben, dass ich so dumm war und wegen JöRG oder besser wegen dem ANGEBLICHEN JöRG dahin ging. So naiv war ich nun wirklich nicht, schon gar nicht wegen einer, die Rosé trank, aber der Aufzug und das schöne Büro, die interessierten mich wirklich.

JöRG kann niemand spielen. JöRG kann nur von JöRG gespielt werden. JöRG ist immer JöRG. Das waren so Sätze, die ich auf dem Weg vor mich hinsagte. Die ganze Zeit: in der Allee, die Hubertus-Jäger-Straße heißt, auf der Treppe der sanierten Altbauvilla, als ich vor dem süßen Empfangsmädel im Eingang stand und tatsächlich sagte, ich wolle zu JöRG, obwohl ich mir ganz albern dabei vorkam, und im Aufzug, der tatsächlich so in die Höhe schwebte, dass ich ein Gefühl der Schwerelosigkeit verspürte – Leute, die Rosé trinken erzählen also doch nicht immer Unsinn – auch noch, als ich die fünfzehn Schritt zum Büro mit der gedämpften Glastür ging, die mir eine japanische Flurdame öffnete, und mein Blick auf den Schreibtisch fiel: mit einem Bürotelefon, einem vergoldeten Smartphone darauf und einer goldenen Uhr ....

Hinter dem Schreibtisch saß JöRG. Er war es. Mir kann man nichts vormachen.

– WAS HAST DU DIR EIGENTLICH DABEI GEDACHT??!! – wollte ich gleich lospoltern, aber ich musste mich erstmal auf das Sesselchen setzen, das mir die japanische Flurdame hinschob, und meine Tasche abstellen, und dann sagte ich: – Was machst du hier eigentlich?

JöRG antwortete knapp und ohne Umschweife, wie es so seine Art ist: – Wir handeln mit Kiwis.

– Nur mit Kiwis? – Ich konnte mir das kaum vorstellen.

– Ja, sagte JöRG: – Nur mit Kiwis. Und es lohnt sich, wie du siehst. – JöRG zog die Schublade seines silbergrauen Schreibtisches auf und holte zwei Kiwis heraus. – Ich habe sogar einen Kommissar beauftragt, der mir den Kiwi-Fall lösen sollte. Weißt Du, der Kommissar hatte noch nie von einem Kiwi-Fall gehört, aber es passieren ja täglich so viele Dinge, die zu lösen sind, da können sie auf der Wache nicht alles wissen.

– Kiwi-Fall?

– Ja, das hat der Kommissar auch gefragt, als ich in seinem Büro war. Ich habe lange suchen müssen, um einen richtigen Kommissar zu finden, aber es gab einen. Dieser Kommissar hatte schon viele schwere Tage erlebt und eine rauchige Stimme. Als ich zu ihm kam, lagen seine grauen Schuhe auf dem Tisch zwischen zwei Aktenstapeln, und der Kommissar rauchte, mit den Füßen auf dem Tisch.

– Aha.

– Findet man heute selten. Außerdem klingelte sein Telefon, weil Mitarbeiter anriefen oder die Sekretärin, dann sprach er mit einer Stimme wie ein Revolver. Er wusste alles, aber als ich ihn fragte, ob im Kiwi-Fall eine Verschwörung vorliege und diese Früchte in geheimen Labors in der Wüste von Nevada gezüchtet werden und deshalb und nur, wenn das geklärt sei, vielleicht ein Attentat verhindert werden könnte, da nahm er die Füße vom Tisch und sah mich aufmerksam an.

– Attentat gegen wen?

– Du stellst genau die Frage, die mir der Kommissar auch gestellt hat. Und was habe ich geantwortet? Das kann ich dir sagen: – Wenn ich das wüsste! Deshalb komme ich zu ihnen, damit sie den Kiwi-Fall lösen, bevor er einer wird! – Mir war natürlich klar, dass jede andere Art von Kommissar mich gleich aus dem Büro geschmissen hätte. Aber dieser hier war interessiert, das wusste ich von Anfang an. Er drehte den Zigarettenstummel im Mund hin und her und rief plötzlich: – Ei verflucht! – und spukte den Zigarettenstummel quer durchs Büro. – Ich war in Afrika und Südamerika. Ich weiß auch nicht, was mit diesen Kiwis los ist und wo sie her sind und wem sie dienen, für wen sie einen Nutzen haben. Aber ich häng mich dran! Verflucht nochmal, das kann ich Ihnen sagen: Ich häng mich dran!

– Hat er den Fall, den Kiwi-Fall gelöst?

– Nicht wirklich, aber ich zeige dir mal was. – JöRG zog ein kleines Messerchen aus der Hemdbrusttasche, nahm eine der beiden Kiwis und schnitt sie mitten entzwei. – Hier. – Er hielt mir eine aufgeschnittene Hälfte vor die Augen. Dabei beugte er sich leicht über den Schreibtisch. – Die schwarzen Pünktchen in aufgeschlitzten Kiwis erinnern nicht wenig an asiatische Mikrochips. Das hat der Kommissar entdeckt.

– Ja und?

– Am nächsten Tag war der Kommissar verschwunden. Er ist bis heute nicht wieder aufgetaucht.

– O.

– Es war so. Der Kommissar ist keiner, der aufgibt, wenn ein Fall unbekannt und nicht zu lösen ist. Er ist manchmal aufbrausend und flucht gerne. Das haben mir seine Mitarbeiter erzählt. Und er gibt nie einen Fall aus den Händen, ohne ihn gelöst zu haben. Die Mitarbeiter haben erzählt, dass er drei Tage im Büro auf dem Schreibtischstuhl hing, die Füße auf dem Tisch, und eine Kiwi zwischen den Fingern hielt. Am ersten Tag war die Kiwi fest und dick wie ein Hühnerei, am zweiten weich und am dritten beinahe schwabbelig. Drei Tage hielt er so das Ei des Kolumbus, gewissermaßen. Dann wusste er, dass er so nicht weiterkommen würde, ließ sich eine neue Kiwi bringen, schnitt sie auf und rief mich an. Als ich vor ihm saß, hielt er mir die aufgeschnittene Kiwi entgegen und sagte: – Wie asiatische Mikrochips. Dem müssen wir nachgehen! – Am nächsten Tag, wie gesagt, war er verschwunden. Das ist jetzt ein Jahr her.

– Und jetzt?

– Ach, ich habe noch mit anderen Leuten gesprochen. Niemand, der dem Kommissar das Wasser reichen könnte, aber es ist immer wichtig, viele Meinungen einzuholen, bevor man investiert. Ich habe auch die Meinung eines Psychologen eingeholt, eines Therapeuten genauer gesagt. Der Therapeut erklärte mir Folgendes:

– Kiwis ähneln Kokosnüssen. Aber es gibt Unterschiede. Kokosnüsse sind größer und schwer zu knacken. Mit den Händen kriegt man sie gar nicht auf. Kiwis platzen fast von alleine, zeigen ganz offen ihre grünen Wunden. Mit einem Löffel oder dem Finger bist du schnell und leicht durch die raue, graue Oberfläche in sie gedrungen: aufregend, fremd und süß. – Als er das sagte, fuhr sich der Therapeut mit der Zunge über die Lippen. Dann fügte er noch hinzu: – Wir haben also Macht über die Kiwis und fühlen uns ohnmächtig gegenüber Kokosnüssen. – Danach bin ich gegangen. Das hatte mir gereicht.

– Ich verstehe immer noch nicht.

– Wer ein Business anfängt, muss alles wissen. – JöRG setzte eine wichtige Miene auf. – Ich habe auch eine Verkäuferin gefragt. Einfach irgendeine aus dem Supermarkt an der Ecke. Die stand gerade vor einer großen Kiste Kiwis und wollte sie ins Regal einräumen. Die Kiste und die Verkäuferin spiegelten sich im schrägen Früchtespiegel. Und die Verkäuferin war ausgesprochen originell. Als ich sie fragte, was sie ganz persönlich von Kiwis halte, antwortete sie, ob ich mir vorstellen könnte, dass sich eine Kiwi schminkt. Sie meinte, es wäre doch interessant zu wissen, ob sich eine Kiwi, wenn sie sich in dem großen Spiegel über ihr sehe, wünschen würde, sich zu schminken. Eine Kiwi mit einem knallroten Kussmund müsse doch eine sehr schöne Frucht sein. Übrigens, plauderte die Verkäuferin dann weiter, sei früher den Bananen mehr Aufmerksamkeit geschenkt worden. Früher, da sei die Banane einzigartig gewesen, in sich verkrümmt, ein ehrliches Abbild der menschlichen Seele. Aber seit all diese Avocados und Kiwis und so weiter in den Märkten liegen, falle die Banane gar nicht mehr auf. Bananen seien meistens verbittert, und die Kiwis machten sich darüber lustig, meinte die Verkäuferin. Eine Verkäuferin muss das wissen. Sie hat täglich mit Bananen und Kiwis zu tun. Es sei kein Wunder, dass die Kiwis so seien, meinte die Verkäuferin, denn wer habe schon, jung und schön und prall unter dem Fell, Mitleid mit einer alten krummen Banane? Als sie das gesagt hatte, wusste ich, was ich wissen musste und wollte die Angelegenheit lieber nicht vertiefen.

– Und nach all diesen Gesprächen bist du ins Kiwi-Geschäft eingestiegen?

– Fast, lächelte JöRG. Ich habe mich auch noch von einem Marketing-Profi beraten lassen. Der war skeptisch. Das sind die immer. Hat sich aber Gedanken gemacht. Seine Antwort war verblüffend: – Pralinen sind sie jedenfalls nicht! – Das sagte der Marketing-Profi und dann schlug er vor, ich solle es über die erotische Schiene versuchen. Er stellte sich schon gleich einen Imagefilm vor, in dem zwei zusammen Kiwis naschen und ihre glatten Lippen die pelzige Haut berühren und dann Kiwischeiben zwischen ihren Brüsten liegen und am nächsten Tag hellbraune Haare auf einem weißen Kissen. Sogar die härtere Nummer wollte er anbieten: Kiwis, denen mit einem scharfen Messerchen die Haut abgezogen wird, um sie dann mitten durchzuteilen, wobei grüner Saft fließt. Ich habe darauf entschieden, dass Kiwis überhaupt keinen Imagefilm brauchen, sondern lieber alles ganz diskret ablaufen soll.

– Und ihr handelt jetzt nur mit Kiwis?

– Nur mit Kiwis.

JöRG hatte alles erzählt, was er erzählen wollte. Da summte sein goldenes Smartphone. JöRG nahm es mit einem entschuldigenden Blick, sagte *JöRG* und – *Ach Sie sind's, der Kommissar! Vitamin C! Ja, verstehe. Vielen, vielen Dank. Und machen Sie's gut. Wenn alle so arbeiten würden. Naja, Sie wissen schon, dann säh' die Welt anders aus. Danke, ja, da komme ich gerne drauf zurück. Dann also beim Whisky, na klar. So machen wir's, und eine Kiste für sie auf's Haus, versteht sich. Ja. Kiwis natürlich! Die Flasche bringe ich dann mit.* –

JöRG knipste befriedigt das Smartphone aus und legte es wieder auf den Tisch. Das sei der Kommissar gewesen. Er habe das

Rauchen aufgegeben und in seiner Abwesenheit herausgefunden, dass Kiwis viel Vitamin C enthalten. Aber das hätten sie natürlich schon lange gewusst. Wie hätten sie sonst so erfolgreich sein können?

Wer eigentlich *sie* oder *wir* seien, wollte ich noch wissen.

– Na, alle hier natürlich, lächelte JöRG mich an: – Die ganze Firma. Ich bin ja nicht allein. Übrigens haben wir eine schöne Cafeteria im Keller. Da könnten wir jetzt Kaffee trinken.

So fuhren wir mit dem Aufzug in den Keller in die Cafeteria und tranken Kaffee. Mehr war, das wusste ich, heute von JöRG nicht zu haben.

Der Kaffeesatz

Der Kaffeebecher flutschte aus dem Automaten. Fünf Finger trommelten ungeduldig an ein Hosenbein. Endlich, als der Kaffeebecher ohne Milch und Zucker gefüllt war, griffen sie zu. Bald stand der volle Kaffeebecher auf einem mattgelben Kantinentisch, inmitten mattgelber Kantinentische. Wie er von dort so ab und an in die Höhe gehoben, jedes Mal Kaffee verlierend wie Blut, und wieder auf die Kantinentischplatte gestellt wurde, kam er ins Grübeln. Die braunen Kaffeeringe, die einige seiner Vorgänger hier auf der glattgelben Fläche hinterlassen hatten, die sprachen eine beredte Sprache. – Wie ist das mit uns? – sagten sie ihm: – Nach Monaten zusammengepresst in der Mitte des Automaten, aber von einer schützenden weichen Hülle umgeben, kommt deine Zeit. Du drückst dich nach unten gegen die Automatenöffnung, zerreißt die Hülle, der Verschluss öffnete sich, dich trifft ein blitzender Lichtstrahl. Es ist ein Schock. Du fällst ins Freie. Der Kaffee gibt dir Leben.

– Aber nun, dachte der Kaffeebecher, verliere ich den Kaffee schon wieder und übrig bleibt am Ende nur ein hässlicher Kaffeering. Wird er weggewischt, so ist auch diese Erinnerung an mich verschwunden.

Wenig später: Der Kaffeebecher stand allein da auf dem Kantinentisch und fühlte sich leer. Man hatte ihn nicht abgeräumt. – Was wird aus mir werden? – fragte er sich, als plötzlich sein Leben eine unerwartete Wendung nahm.

Über dem Nachbartisch seilte sich von der niedrigen Decke eine Spinne ab, die einer buschig behaarten Vogelspinne nicht unähnlich sah. Sie war nur sehr viel kleiner. Am Tisch saß ein Spanier und starrte regungslos in die Luft. Der Kaffeebecher meinte zumindest, dass es ein Spanier sei. Soviel war er ja noch nicht rumgekommen in der Welt, aber in einer Kantine sieht man doch das eine oder andere. Das, wie der Kaffeebecher meinte, spanische Gesicht, das aus einem schwarzen Anzug mit weißer Halskrause ragte (eine komische Kleidung in dieser Zeit), dieser vernarbte Typ am Nachbartisch, bemerkte die Spinne erst, als sie schon dicht über seinem Mittagessen schwebte. Im spanischen Gesicht zuckten die Narben. Der Typ langte einfach zu. Er traf die Spinne mit der flachen prankenschweren Rechten. Der Spinne riss der Faden. Sie flog – acht Beine zappelten in der Luft – durch den freien Raum und landete seitwärts auf der glatten gelben Kantinentischplatte, gerade zu Füßen des Kaffeebechers.

– Hallo Olé! – rief die Spinne und rappelte sich auf.

– Wer bist denn Du? – fragte der Kaffeebecher.

– Eine Spinne, sagte die Spinne.

– Eine Spinne in der Kantine. Ist das überhaupt möglich? Ist das überhaupt erlaubt? Und noch dazu eine Spinne mit Haaren.

– Ich bin eine Minivogelspinne, lachte die Spinne und begann, sich ihre flauschigen Beinchen zu putzen. – Ich bin gefährlich, sagte sie so beiläufig wie möglich, aber sie war ja so stolz. – Da fragt niemand nach einer Erlaubnis, fügte sie hinzu.

Die kleine Vogelspinne krabbelte um den Kaffeebecher herum. Schön war er, der Kaffeebecher, dachte sie. Schlank und hoch gewachsen war er, feste geriffelte Außenwände in glänzender Kastanienfarbe hatte er. Das gefiel ihr. Sie begann an ihm emporzusteigen.

– Vorsicht, warnte der Kaffeebecher: – Fall nicht in mich herein. Da kommst nicht wieder raus.

– Na, warum auch, flüsterte die süße Vogelspinne gedankenverloren: – Ich will mich in Deinen Kaffeesatz vergraben und darin von meiner Zukunft lesen. Das genügt. Mehr will ich nicht.

Der Kaffeebecher knickte sich in der Mitte zusammen und sprach: Nicht aus allem, in das man hineingeraten kann, kann man auch wieder herausgeraten. Versprich dir von meinem Kaffeesatz nicht zu viel.

– Hauptsache er ist von Dir, hauchte die Spinne kaum hörbar.

– Glaubst Du wirklich an so was wie Kaffeesatz lesen? – fragte der Kaffeebecher und dachte, es sei rhetorisch und schüttelte sich.

– Die Wahrheit liegt in uns, gab die Spinne leicht beleidigt zurück, streichelte aber schon mit dreien ihrer weichen Beinchen den gewölbten Kaffeebecherrand, so dass dem Kaffeebecher ganz kuschelig zumute wurde und er nicht sagte, was seine Pflicht gewesen wäre, jetzt zu sagen.

Die kleine Vogelspinne hatte sich auf die Höhe des Bechers gezogen, war nun entkräftet, aber glücklich. Ihr schwand in der Anstrengung der klare Blick, etwas drehte sich vor ihren Augen, der Grund, der Boden des Bechers, bäuchlings lag sie auf seinem Rand, wippte hin und her und glitt dann plötzlich ohne es noch zu wollen und zu bemerken in die Tiefe. Jetzt rief sie nicht Hallo Olé, sie kam kaum zu Bewusstsein.

Der Kaffeebecher war erschrocken. – Ach Du liebe Güte! – rief er, und auch die Spinne erkannte, was sie nicht bedacht hatte. – Du, da ist ja gar kein Kaffeesatz! – rief sie: – He, Kaffeebecher, wo ist dein Kaffeesatz?! Wo ist dein gottverdammter Kaffeesatz!!

Der Kaffeebecher seufzte: – Das wollte ich noch sagen, das habe ich dir verschwiegen. Ich habe keinen. Ich bin doch ein Automatenkaffeebecher. Der Kaffeesatz sitzt im Automaten. Wir Becher bekommen ihn nie zu sehen.

– Und worin soll ich von meiner Zukunft lesen? – Die Spinne klang hysterisch.

Der Kaffeebecher zuckte verlegen mit der Wölbung seines Randes. Und die Vogelspinne versuchte wieder aus ihm herauszuklettern. Aber so sehr sie auch ihre Beinchen ausstreckte, innen war der Becher nicht geriffelt und kastanienfarben, sondern weiß und glatt. Die arme kleine Vogelspinne begann zu weinen. Sie kam an diesen glatten Innenwänden nicht hoch. Sie saß am nackten Boden, ohne Kaffeesatz, in den sich grabend sie von ihrer Zukunft hätte lesen können, wie sie es sich erträumt hatte.

Der Kaffeebecher schwieg. Er wusste schon, was gleich gespielt würde.

Eine ziemlich fette Frau erschien, einen modisch blauen Müllbeutel in Händen haltend. Ihr Busen unter einem gelb geblümten Arbeitskittel warf halbrunde Schatten über die ganze matte, glatte, gelbe Kantinentischplatte.

Ein Blick in den Becher und ein schriller Schrei: – Iiiiii, eine Spinne, schnell einen Lappen!

Das war alles. Mehr gibt es nicht zu berichten.

Meine schöne Nachbarin

Brigitte ist nicht lange meine Nachbarin gewesen. Sie hatte eines der eleganten neuen Apartments in der Friedrich-Vorneweg-Straße gekauft. Das nehme ich zumindest an, denn warum hätte sie sonst dort einziehen und wohnen sollen. Sie war also eingezogen, blieb aber nicht lange dort.

Ich sah sie zweimal auf dem Fahrrad an mir vorbeifahren. Einmal zum Bäcker und einmal zum Blumenladen. Ich meine mich auch zu erinnern, dass sie an einem Sommerabend mit einem Korb mit Wein und Brot über die Straße ging, aber das kann auch eine Vision gewesen sein.

Brigitte zog ein, lebte und zog bald wieder aus, nachdem sie eines Tages – es war überhaupt kein besonderer Tag – nach Hause kam, von der Arbeit oder auch von der Ausbildung oder, wahrscheinlicher sogar noch, denn sie hatte ja dieses Apartment gekauft, aus dem Fitnessstudio. So eine Ankunft wie diese hätte sich Brigitte nie im Leben träumen lassen oder doch: vielleicht träumen schon, aber nicht erleben. Brigitte war berufstätig (in der Ausbildung wohl doch eher nicht) und somit dem Realen zugetan. Sie liebte das Träumen, aber eben nur als Träumen. Nicht gerade Sonnenuntergänge, doch fliegende Vögel und fliehende weiße Pferde und so weiter.

Brigitte kam also nach Hause und freute sich auf ihren Freund. Brigitte hatte einen Freund, lebte aber nicht mit ihm zusammen. Er wohnte etwas außerhalb. Sie wollte eigentlich nur schnell nach Hause und dann gleich zu ihm. So ein normaler Tag war das.

Nun stell'n se sich mal vor, sie kommen in ihre Wohnung – und ich nehme extra eine Wohnung in einem Apartmenthaus von fünf Stockwerken, damit die anderen Wohnungen und deren Bewohner um ihre Wohnung drumherum sicher bestätigen, dass das ihre Wohnung, ihr Apartment ist. Sie haben sich nicht in der Tür oder gar im Haus geirrt, denn es kann ja nicht sein, dass sich alle Bewohner mit allen Apartments im Haus und in der Stadt geirrt haben. Wenn alle Wohnungen und alle Bewohner da sind, wo sie zumindest in der letzten Zeit schon immer waren, dann ist das ein untrügliches Zeichen, dass ihre Wohnung auch wirklich ihre Wohnung ist und sie nicht durcheinander sind, an Gedächtnisschwund leiden, sich nicht mehr orientieren können. Die Anderen sind ihr Evidenzbeweis. Außerdem passt der Schlüssel.

Brigitte steckte den Schlüssel ins Schloss und drehte den Schlüssel und entriegelte die Tür und öffnete die Tür und sah in die Wohnung und sah nichts. Da lag sie, ihre Wohnung, und war vollständig leer, komplett ausgeräumt.

Brigitte stellte erstmal ihre Tasche auf den Boden. Sie erschrak vor dem Hall ihrer Schritte, den leeren Raum betretend, zog aber mutig die Tür hinter sich zu, sah sich um, schloss die Augen, öffnete sie wieder, sah sich erneut um. Dann lehnte sie sich gegen die Wand neben der Tür und atmete tief durch. Zu anderen Zeiten hätte sie jetzt Zigaretten und Feuerzeug aus der Jeansjacke gezogen. Dann hätte es Klick gemacht, eine kleine Flamme hätte im leeren Raum geleuchtet und wenigstens ein wenig Rauch hätte den Raum gefüllt. Diese Zeiten sind Vergangenheit. Alles andere ist aber geblieben, wie es war. Brigitte lehnte an der Wand und fragte inwendig: – Und nun?

Durch das gardinenlose, makellos geputzte Fenster – sogar die Fensterschmiere war davon – drang gleichmäßig helles Tageslicht. Mittags hätte es geblendet. Jetzt leuchtete es den Raum aus, legte sich um Brigitte, flutete entlang der Wände, nahm sie für sich ein. Von draußen ließ sich das Rauschen vorüberfahrender Wagen vernehmen.

Brigitte sammelte ihre Gedanken: – Na gut, die Wohnung ist ausgeräumt. Anstelle einer Einrichtung erfüllt reines Licht den Raum. Aber ausgeräumt zu sein, ist vielleicht gar nicht so erstaunlich. Ausgeräumte Wohnungen sind keine Seltenheit. Und Ausraubungen kommen auch immer wieder vor.

Brigittes Brust hob und senkte sich unter zwei vollen Atemzügen. Erstaunlich war etwas ganz anderes, das war ihr schnell klar.

Stell'n se sich weiter vor: ihre Wohnung ist nicht nur der Möbel beraubt. Ihre Wohnung ist ein leerer Raum geworden. Sie blicken auf kahle, frisch gestrichene und farblich gänzlich glatte weiße Wände. Kein viereckiger Rand um helleres Feld zeugt von der Existenz eines ehemals dort hängenden Bildes. Der Weinfleck, den sie heute noch wegwischen wollten, ist verschwunden. Die Nägel, an denen sie Bilderrahmen und Schlüsselbrett befestigt haben, sind aus den Wänden gezogen. Das einzige Zeugnis sind einige winzige Löcher, so als ob nur das Nichtvorhandensein von Mauer, die reine Negation also, noch eine Daseinsberechtigung hätte. Sie betrachten die Decke: keine herabhängende Glühbirne, nicht einmal das. Der leere Raum ist weder heruntergekommen noch eine Gefängniszelle, auch kein Gruselfilm, nur nichts. Ein Loch zeugt wie die Löcher in der Wand vom Dasein, dem Dasein einer Lampe und der Kabel, die da mal steckten.

Sie betrachten den Fußboden und es kann nicht mehr geleugnet werden: Etwas stimmt ganz und gar nicht. Irgendein in der Mitte geknickter, unansehnlicher Zigarettenstummel, ein Stück Papier, vielleicht ein Fetzen Tapete in einer Ecke zur Mitte hin, wären zu erwarten gewesen, die Leere des Raumes zu betonen und zu sagen, dass jemand da war, ein Verursacher der Leere. Doch stattdessen: Nichts. Nichts zeugt davon, dass sich hier einmal etwas befunden hat, kein Dieb, gleich welcher Art, ließ eine Spur zurück – und wir hinterlassen doch alle und immer Spuren. Statt ihrer Wohnungseinrichtung hat sich häuslich – und das ist kein leerer Spruch – das Tageslicht eingerichtet.

Brigitte ging durch die anderen Zimmer. Überall das gleiche. Dann setzte sie sich im Schneidersitz auf den Boden und überlegte.

Athletisch wie sie war, stand sie nach einer Viertelstunde ohne Zuhilfenahme der Hände auf, strich dabei durchs Haar und griff in die Jeansgesäßtasche. Kaltblütig zog sie ein kleines Smartphone hervor. Sie tippte auf den Namen ihres Freundes. Die Verbindung klappte tadellos. Das bewies, dass sie noch in dieser Welt war, was immerhin beruhigte.

Der Freund kam nach einer halben Stunde. Sie erwartete ihn, wieder im Schneidersitz, überlegend, in der Raummitte – ein perfektes Bild an Meditation.

Kopfschüttelnd ging der Freund durch die Wohnung – für ihn blieb es ihre Wohnung – sprach davon, wer das wohl getan haben könne, und dass dergleichen selten vorkomme, nicht mal bei sich im Betrieb und da komme allerhand vor. Er habe viel erlebt. Das habe er noch nicht erlebt. Ob sie eigentlich wirklich im richtigen Haus seien – Verwechslungen kämen bei der heutigen Bauweise schon mal vor – aber natürlich hatten sich die Nachbarn mit ihren Wohnungen drumherum kaum gemeinsam alle zu gleich und geschlossen ebenfalls im Haus geirrt … Der Freund wiederholte im Grunde, was ich schon gesagt habe, als ich begann, die Geschichte meiner schönen Nachbarin zu erzählen. Solchen Freunden fällt selten etwas Originelles ein. Ob es am Ende ein Streich sei, fragte er noch laut vor sich hin, denn das war eine Sache, die er sich immerhin vorstellen konnte. Zu einem Ergebnis kamen beide jedoch nicht.

Ihre Gedanken gingen in eine praktischere Richtung. Was solle man nun machen, fragten sie sich. Vielleicht die Polizei rufen? Die Polizei wurde gerufen, kam, schüttelte die Köpfe, nahm den Fall zu Protokoll und ging. Was sollten sie auch sonst tun.

Brigitte war aber ein Mensch, der nicht so schnell aufgab. Bei so einem ans Mystische grenzenden Fall durfte sie ihre Wohnung nicht unbeaufsichtigt lassen, keine Minute und besonders nicht in der Nacht. Sie ließ ihren Freund bei Freunden ein großes Klappbett besorgen. Diese Freunde kamen sogar selbst und stellten das

Klappbett auf. Sie brachten auch Kissen und Wolldecken und einen ausrangierten Plattenspieler mit ein paar echten Schallplatten. Sei doch mal echt was Nostalgisches: Rotwein, Schallplatten, Klappbett. Den Rotwein hatten sie auch mitgebracht. Dann verschwanden sie wieder.

Der Freund ging noch durch die Nachbarschaft. Von mir wollte er einen Kanister Wasser, einen Tauchsieder, zwei Blechtöpfe und ein Notstromaggregat britischer Herkunft, da ja die Steckdosen alle demontiert waren. Das konnte er alles haben, obwohl ich dachte, dass solche Dinge nicht in ein neues Apartment passen. Ich gab ihm auch noch eine Taschenlampe, denn es wurde langsam Abend.

Brigitte hatte sich mittlerweile damit abgefunden, auf Spanien und ein neues Auto zu verzichten, um sich neu einzurichten. So schlimm ist es gar nicht, vor den Nichts zu stehen, nur wissen, was hier in ihren Räumen eigentlich los war, das wollte sie unbedingt.

Nach Mitternacht, alles stockduster, erwachte meine schöne Nachbarin. Der Freund neben ihr schlief. Sie starrte zur Decke und rechnete. – Da gestern Mittwoch war, bin ich erst um 12.05 Uhr aus dem Haus gegangen, aber schon um 16.18 Uhr zurückgekommen. Dazwischen liegen vier Stunden und dreizehn Minuten. In dieser Zeit wurde ausgeräumt: Aber nicht nur die Möbel und aller Hausrat. Es wurden auch die Nägel aus den Wänden gezogen, die Steckdosen und Lampen entfernt, die Fenster geputzt, der Weinfleck aufgewischt, die Ränder, die die Bilder bestimmt schon hinterlassen hatten, übermalert, wenn nicht gar alle Wände neu gestrichen. Wie ist all das möglich? – Sie starrte weiter zur Decke, und die Erleuchtung kam: – Es muss von oben geschehen sein. Haben wir nicht als Kinder mit Puppen in Puppenhäusern gespielt? Was haben sich die Puppen wohl dabei gedacht? Wir hatten ein Puppenhaus und konnten das Dach abnehmen und von Oben in die Stuben greifen und hineinstellen und herausnehmen, was wir wollten. Das dauerte nie sehr lang. Also ist in meiner

Abwesenheit das Dach abgenommen worden, wenn es überhaupt ein Dach gibt, und eine größere Hand, als die unseren sind, hat abgeräumt. Daher die Leere. Ich werde mich morgen nicht wundern, wenn das ganze Haus davon ist, denn wir leben in einem Puppenhaus in einer Spielzeugwelt.

Das war eine gute Erklärung und Brigitte wollte schon beruhigt wieder die Augen schließen, als ihr noch etwas anderes klar wurde: – Und die Puppen?

Meine schöne Nachbarin saß aufrecht im Klappbett, Schweiß auf der Stirn. Sie weckte ihren Freund: – Als nächste größere Einheit sind wir dran. Das ist dann wieder ganz normal … Aber ich verkaufe die Wohnung lieber.

Meine schöne Nachbarin ist nur wenig später fortgezogen. Ich habe gehört, dass sie und ihr Freund geheiratet haben, auch dass sie zwei Kinder haben. Brigitte soll eine sehr erfolgreiche Geschäftsfrau sein und gelegentlich nach New York fliegen. Dann kommen die Großeltern vorbei, und manchmal wohnen die Kinder auch bei den Großeltern. Das gefällt den Kindern sehr gut.

Von der Geschichte mit dem Apartment ist schon so oft erzählt worden, dass alle, die Brigitte und ihren Mann kennen, sie nicht mehr unbedingt hören wollen. Meistens erzählt die Geschichte nicht Brigitte selbst, die einmal meine schöne Nachbarin war, sondern ihr Mann. Er erzählt besonders gerne von dem Tauchsieder, den er von mir bekommen hatte, denn einen Tauchsieder, den kennt heute niemand mehr. Das ist schon ein echtes Wunderding.

Mein Vampirpfleger

Ich kannte einen kleinen hinkenden Mann, den nannte ich meinen Vampirpfleger. Ich nannte ihn nicht zu Unrecht so, denn ein Vampirpfleger war er, wenn auch ein recht kleiner. Er kümmerte sich nur um einen einzigen Vampir, aber damit hat ein Vampirpfleger, wie er mir glaubhaft versicherte, schon alle Hände voll zu tun. Und das im wahrsten Sinne des Wortes.

Ich kannte den kleinen hinkenden Mann aus dem Bus, von dem ich liebevoll als meinem Omnibus sprach, weil der Bus so gut zu dem Mann passte, der aussah, wie einer, der sein Lebtag in einem Omnibus fährt. Später sagte ich das dem kleinen Mann, der sich mir als Freddy vorstellte, und er musste herzhaft darüber lachen. So herzhaft, wie dieser kleine Mann es nur konnte. Der kleine Mann saß morgens und abends in dem Bus, dem Omnibus, auf einem der hinteren Plätze und schaute aus dem Fenster. An der Müllerstraße stieg er ein und stieg er aus. Ich stieg gelegentlich auch an der Müllerstraße aus, auch wenn ich damals kein so regelmäßiger Busfahrer und schon gar nicht Omnibusfahrer war. Ich bin es bis heute nicht geworden. Dass er an der Müllerstraße ausstieg, war aber ein Glück, denn so konnte ich den kleinen Mann kennenlernen.

Der kleine Mann trug eine große schwere Ledertasche oder genauer gesagt eine Ledertasche, die für ihn groß und schwer war. Er hinkte wie erwähnt, und es kostete ihn nicht wenig Anstrengung, die Tasche immer in der Luft zu halten und nicht bei jedem zweiten Schritt mit ihr auf den Boden zu stoßen. Ihn zu fragen, ob man ihm behilflich sein könne und die Tasche für eine Wegstrecke lang tragen solle, das jedoch wäre ohne Zweifel eine Beleidigung gewesen, und niemals wäre ich mit dem kleinen Mann ins Gespräch gekommen, wenn ich höflich zu ihm gewesen wäre. Der kleine Mann, Freddy, wie er hieß oder genannt werden wollte, hatte mehr drauf, als die meisten Leute ahnen konnten. Er hatte das Zeug zum Vampirpfleger, und das können nicht viele von sich behaupten.

Dadurch, dass er morgens die schwere Ledertasche zum Bus trug und abends vom Bus, dem Omnibus, zurück in seine Wohnung, hatte sich seine Gestalt noch etwas mehr verzogen, als sie es wohl von Geburt an war. Auch das Gesicht machte einen leicht schiefen Eindruck, obwohl es ansonsten recht rund war, ziemlich rund und ziemlich groß sogar, und sich gerne in einem breiten Lächeln ausbreitete. Freddy trug immer einen gebügelten Anzug und oft eine Weste. Darüber einen schicken hellbraunen Mantel, und im Sommer trug er hellblaue kurzärmlige Hemden. All das musste er von einem richtigen Schneider anfertigen lassen, denn er reichte mir nur knapp unter die Brust. Dass die Anzüge, die Hemden, der Mantel maßgeschneidert waren, sah man. Ich möchte sagen, der kleine Mann war der bestangezogene Mann in unseren Straßen, woraus sich wieder einmal ersehen lässt, dass aus jedem Nachteil auch ein Vorteil erwachsen kann. Irritierend war nur, zumindest für mich, der ich mit Freddy gelegentlich des Abends an der Müllerstraße aus dem Bus, dem Omnibus, stieg, das Blut. Nicht immer, aber doch nicht nur einmal, hatte er kleine Blutflecke auf dem Ärmel seines schicken Mantels oder auch mal am Jackett und einmal sogar an der Hand. Aber das nur am Abend eines Tages, an dem er, wie er mir auf dem Heimweg sagte, sehr gestresst gewesen sei. Es waren keine schlimmen Flecken, nur kleine Spritzer, kaum wahrnehmbar, wenn man nicht, wie ich es tat, direkt neben ihm ging, und die von ihm selbst wohl übersehen worden waren. Auch waren diese blutigen Spritzer am nächsten Tag immer säuberlich entfernt oder das Jackett oder der Mantel (er hatte wohl mehrere gleichen Schnitts) zur Reinigung gebracht. Gleichwohl: wenn sich so etwas wiederholt, wird man doch aufmerksam. Ich sagte aber nichts dazu und vermutete eine Neigung zum Nasenbluten.

Als wir so einige Jahre immer mal wieder den gleichen Weg von der Haltestelle Müllerstraße unter den dunklen Bäumen über den Vorplatz der alten Schule, die schon lange keine Schule mehr war, und über den angrenzenden Parkplatz gegangen waren, bevor wir uns verabschiedeten und er in einem der mehrstöckigen Gebäude verschwand, die vor einem Vierteljahrhundert errichtet worden waren, fasste er Vertrauen. – Na, für heute wieder geschafft, sagte er gerne vor seiner Tür. Im Sommer fügte er sogar hinzu, dass nun frei sei, denn bei der Hitze könne ja doch niemand in einem Büro im siebten Stock mit Sonnenseite – da setzte er ein gedankliches Ausrufezeichen dahinter und machte eine Pause – arbeiten. Ich tat das Naheliegende und fragte, ob er denn in Urlaub fahre. – Nein, gab er mit seinem unnachahmlichen schiefen Lächeln zur Antwort, das nun nicht. Einfach mal frei machen. Das reiche schon. In Urlaub fahren, das ließe sich bei ihm nicht einrichten, er sei sozusagen unabkömmlich. Sein Lächeln wurde noch um einiges schiefer. Er schloss schnell die Tür auf und verschwand im dunklen Hausflur. Für seine Verhältnisse, da war ich mir sicher, hatte er wohl eine Spur zu viel gesagt.

Ein anderes Mal, sprach er, nachdem ich gescherzt hatte: – Na Freddy, für heute wieder geschafft? –, von zwei Neffen, die ihn früher häufig besuchten und ihn heute zum Glück in Ruhe ließen. Seitdem sei es bedeutend ruhiger in seinem Leben geworden. Er erzählte auf dem kurzen Weg, dass die Neffen zwei unmögliche sommersprossige Bengel seien, die ständig schrien und stritten und Cola trinken wollten. Die Nachbarn hätten sich beschwert, und einmal hätten die Neffen eine Katze mit dem Schweif an das Klettergerüst im Hof gebunden. Die Katze hätte noch lauter geschrien als die Neffen, und da sei für ihn Schluss gewesen. Die eine Nachbarin, eine sehr junge Frau, habe die Katze losgebunden, was ja gut gewesen sei, und dann noch mit den Neffen gesprochen. Gar nicht geschimpft, regelrecht verständnisvoll habe es ausgesehen. Und die Neffen hätten den Rest des Tages tatsächlich nicht mehr gelärmt, aber dennoch: auch noch Verständnis zeigen für so was. Es klang deutlich so, dass Freddy weder Kinder noch junge Frauen besonders mochte. Dass er allein lebte, war ohnehin klar.

Und darauf war er stolz, wie er mir bei einem weiteren Heimweg erläuterte, dass er für sich war. Und auch darauf, dass er *der Erste* war, wie er mir berichtete. Als das Haus gebaut wurde, war er der Erste, der einzog. Er sei es gewesen, der als Erster seinen Schlüssel in diese Tür, er deutete auf die Eingangstür, geschoben habe. Er sei es gewesen, der als Erster in dieses Haus eingedrungen sei. Und er könne sich nichts Besseres vorstellen als dieses Haus und seine Wohnung. Und einen Keller habe er auch, darauf hätte er bestanden, als er die Wohnung kaufte – keine Mietwohnung, wie viele meinen, nein, Eigentum, damals noch recht günstig und heute viel teurer. Der Keller sei nicht immer von Vorteil, setzte er leise und regelrecht verschwörerisch hinzu, aber das habe damals, vor immerhin fünfundzwanzig Jahren, niemand wissen können, und sicher habe es auch nichts mit der Baufirma oder der Genossenschaft zu tun. Als er das sagte, hatte er die Tür schon geöffnet und schlüpfte in den Hausflur, der mir noch dunkler vorkam, als an dem Tag, an dem er gesagt hatte, er könne keinen Urlaub machen.

Nach diesen sicherlich nicht sehr aufregenden, aber doch immerhin bedenkenswerten Informationen, kleinen Beichten, wie ich sie bei mir nannte – Freddys kleine Beichten – begann ich, mir Gedanken zu machen. Heute weiß ich, dass diese Gedanken wenig zielführend waren und zum Glück waren es nicht viele, denn dann, noch im Sommer, traf ich Freddy mitten in der Nacht.

Ich machte einen kleinen Nachtspaziergang. Einfach so. Die Nacht war warm, die Sterne leuchteten und der Flieder duftete. Was spricht gegen einen nächtlichen Spaziergang, auch wenn gerade Mitternacht vorbei war? Nichts. Und so ging ich durch unsere stillen Straßen, als mir – ja, es konnte kein Zweifel bestehen – Freddy entgegenkam. Der kleine Mann, der schiefe Gang.

Freddy ließ sich nicht verwechseln. Er trug keine Ledertasche. Das wäre um diese Uhrzeit auch verwunderlich gewesen. Aber er trug etwas unter dem Arm. Einen länglichen Gegenstand, wie ich zuerst dachte. Als Freddy näherkam, bemerkte ich jedoch, dass sich dieser Gegenstand bewegte und sich der kleine hinkende Freddy offenbar sehr anstrengte, sein längliches Paket ruhig zu halten. Mit der freien Hand schlug er sogar auf das zappelnde Bündel. Erstarrt blieb ich stehen. Er wird doch nicht etwa eine Katze, dachte ich erschrocken, oder gar ein Baby … Bei diesem fürchterlichen Gedanken war mir Freddy schon sehr nah gekommen. Es sah wirklich wie ein Baby aus, was er da unter dem Arm hatte. Der Kopf bewegte sich rasch hin und her. Es schien, als wolle das Baby nach Freddys Arm schnappen. Da gab mein Freddy diesem Baby wieder einen kleinen Schlag auf den Kopf. Und in diesem Moment erkannte er mich. Jetzt lächelte Freddy nicht, sondern grinste – durchaus ertappt, aber nicht verlegen und auch nicht ärgerlich. Er nickte mir zu, ging weiter, und ich folgte ihm. Unter den hohen Bäumen vor der alten Schule setzten wir uns auf die morsche Bank beim eingefallenen Brunnen.

Das Bündel Mensch, das Freddy fest unter dem Arm eingeklemmt hielt, war kein Baby. Das Gesicht sah ganz erwachsen aus, war bleich und voller spöttischer Züge. Man konnte es bösartig nennen. Die Augen waren blutunterlaufen. Die Beine strampelten und traten, aber es waren keine Babybeine. Was Freddy unter dem Arm hielt, war ein Erwachsener im Kleinformat, ein Erwachsener, der einen langen altmodischen Mantel mit spitzem Kragen und lange Stiefel mit silbernen Schnallen trug, aber eine Länge von nicht mehr als fünfunddreißig Zentimetern maß. Dieses Wesen versuchte tatsächlich nach dem Arm, unter dem es klemmte, zu beißen. Weiße Eckzähne blitzen. Freddy versetzte ihnen einen leichten Schlag mit der Faust. Dann war das Wesen eine Zeitlang ruhig und gurgelte nur ärgerlich in sich hinein.

– Das ist ein Vampir, sprach der kleine Mann in die Nachtluft: – Ich pflege ihn. Und ich weiß, was Sie jetzt denken, dass nämlich Vampire so klein doch gar nicht sein können. Das habe ich auch gedacht, bevor ich zum Vampirpfleger wurde. Aber es ist tatsächlich so. Vampire sind so klein, und es gibt mehr davon, als Leute, die damit nichts zu tun haben, wissen. Bei uns, also in unserer Stadt, gibt es bestimmt 300 Vampirpfleger und -pflegerinnen, und manche haben sogar zwei oder drei Vampire bei sich im Keller! – Aber wie die das schaffen, das sei ihm ein Rätsel, fügte er dann noch hinzu. Und ich fragte: – Es gibt also mindestens 400 Vampire in unserer Stadt? – Ja so ungefähr, bestätigte er: Aber die Bevölkerung wisse nichts davon. Man habe tiefstes Stillschweigen vereinbart, um niemanden zu beunruhigen, und sie, die Vampirpfleger und -pflegerinnen, sorgten schon dafür, dass nichts passiere. Und wenn doch, dann gebe es immer noch das Antiserum. Es sei also alles ganz sicher. Allerdings nur durch sie, die Vampirpfleger, wie auch er einer sei, und darauf sei er stolz.

Er verschwieg nicht die Nachteile, die ein Leben als Vampirpfleger mit sich bringt. – In den Urlaub fahren kann ich nicht. Damals wollte ich natürlich nicht sagen, warum, aber ich muss halt jede Nacht in der empfindlichen Stunde – der Volksmund nennt sie Geisterstunde, aber dieses Wort ist unter Vampirpflegern verpönt – mich um meinen Vampir kümmern. Den Rest der Zeit liegt er in weiche Erde gebettet in seinem kleinen Sarg im Keller und schläft. Das behindert im Leben überhaupt nicht. Zur Arbeit gehen, mal ins Kino oder ins Theater. Das ist alles drin, aber um Mitternacht, wenn der Vampir aufwacht, da muss der Vampirpfleger voll wach sein! Als erstes ein paar Spritzer Blut, wenn er den Mund aufmacht, um zu gähnen. Wenn er die nicht gleich kriegt, wird es gefährlich … – In dem Moment versuchte der Vampir wieder nach seinem Arm zu schnappen, klappte sein Gebiss auf und zu, ließ die Zähne gefährlich aufeinander knallen, strampelte mit den Beinen. Freddy blieb ganz ruhig, lachte sogar, als er meine entsetzten Augen sah. Er schlug dem Vampir mit der flachen Hand auf die Stirn, damit er wieder ruhig wurde.

– Der ist jetzt ganz harmlos, sagte Freddy: – Der hat heute schon genug getrunken. Ich zapfe mir das Blut übrigens selbst ab. Eine kleine Spritze in der Woche reicht. Vampire brauchen viel weniger, als die meisten Leute glauben. Es ist überhaupt alles übertrieben in den ganzen Filmen und Büchern. Vampire in der Größe von großen Menschen. Das ist doch einfach lächerlich. Vampire leben auch nicht als Schlossherren in verfallenen Burgen. Die ziehen Keller in ganz gewöhnlichen Häusern vor, in denen sich immer jemand findet, der sie versorgt. Vampire können sich auch nicht in Fledermäuse verwandeln. Fledermäuse haben mit Vampiren überhaupt nichts zu tun. Das einzige, was Vampire können, ist auf Bäume klettern und von Ast zu Ast springen. Junge Vampire machen das manchmal, und weil sie so klein sind, hat es früher wohl Leute gegeben, die sie für Fledermäuse gehalten haben. Das ist aber auch schon alles.

Nach diesen Erläuterungen meines aufrichtigen Vampirpflegers, wollte ich noch wissen, wie er überhaupt an seinen Vampir gekommen sei. Den habe er eines Tages bei sich im Keller gefunden, erläuterte Freddy. Er habe schon so ein, zwei Jahre in dem Haus gewohnt, da sei er beim Aufräumen im Keller auf den kleinen morschen Sarg gestoßen. Er habe zuerst gedacht, die schrecklichen Neffen hätten den hier versteckt. Das mit der Katze habe er ja mal erzählt. Ein kleiner Sarg im Keller sei ihnen also durchaus zuzutrauen. Er habe dann den Sarg aufgemacht und sei wirklich sehr erschrocken gewesen, als er den schlafenden Mann darin gesehen habe. Da sei er panisch in seine Wohnung gerannt, um erstmal einen Cognac auf den Schreck zu trinken. Aber kaum in der Wohnung, habe auch schon das Telefon geklingelt. Die Vorsitzende des Vampirpfleger- und pflegerinnen-Rings sei am Apparat gewesen. Es sei ein Vampir in meinem Keller entdeckt worden. Man habe dafür eine verlässliche Aufspürtechnik. Und dass es stimmte, konnte Freddy natürlich gleich bestätigen. Man habe ihm die Möglichkeit angeboten, den Vampir abzugeben und in Pflege zu geben oder selbst zum Vampirpfleger zu werden. Er habe sich für das Letztere entschieden und seine Wahl nie bereut. Es sei doch schön, etwas Wichtiges zu tun, denn ungepflegt seien Vampire nicht ungefährlich. Das müsse man schon sagen. Auch die Gemeinschaft der Vampirpfleger und -pflegerinnen sei etwas ganz Einzigartiges. Ohne sie könne er sich ein Leben gar nicht mehr vorstellen.

Als er dies gesagt hatte, schlug die Uhr Eins. Es war die Armbanduhr, die der kleine Mann am Handgelenk trug. Nun sei es Zeit zu Bett zu gehen. Morgen gehe es ja wieder früh raus. Der kleine Mann, Freddy, bat mich noch um Stillschweigen, das ich ihm versprach, dann ging er in sein Haus: zuerst in den Keller, wie ich wusste, und dann in seine Wohnung hinauf. Ich ging auch nach Hause.

Auch als ich wusste, dass er Freddy hieß, habe ich den kleinen Mann, der von Montag bis Freitag an der Müllerstraße abends aus dem Bus, dem Omnibus, stieg, und seine große Ledertasche trug, immer nur für einen kleinen Mann gehalten. Jetzt da ich wusste, dass er schon seit Jahren ein Vampirpfleger war, sah ich ihn mit ganz anderen Augen.

Ich habe auch meinem Freund JöRG davon erzählt, denn das erschien mir kein Verstoß gegen mein Versprechen zu schweigen. JöRG wusste von den Vampirpflegern und Vampirpflegerinnen. Er war nur erstaunt, dass es so viele sind, was aber die Bedeutung jedes einzelnen Vampirpflegers und jeder einzelnen Vampirpflegerin in keiner Weise schmälert.

Ich habe mit diesen Aufzeichnungen mein Versprechen zu schweigen dennoch gebrochen. Das gebe ich unumwunden zu. Aber mein Vampirpfleger ist fortgezogen und hat sicher auch den Vampir mitgenommen. Einen anderen oder eine andere habe ich nicht getroffen, und sie aufzuspüren halte ich für unmöglich.

Ungepflegte Vampire sind gefährlich, habe ich gelernt, aber die Vampire in unseren Straßen sind bestimmt gut gepflegt. Es besteht also kein Grund zur Beunruhigung, und ihr Geheimnis bewahren die Vampirpfleger und Vampirpflegerinnen unter sich. Da kommt keiner dahinter, egal, was irgendjemand, zum Beispiel jemand wie ich, davon erzählt. Und noch was: Ich denke, solche wichtigen Dinge sollten nicht verschwiegen werden.

Die Insel und andere Ansichten

Viele meinen, JöRG sei auf einer Insel aufgewachsen, auf einer sehr kleinen Insel im pazifischen Ozean. Einige sind sogar überzeugt, es sei keine richtige Insel, sondern der Rücken eines Wales gewesen. Deshalb könne heute die Insel auch nicht mehr gefunden werden, denn der Wal sei irgendwann abgetaucht. Diese absonderliche Vorstellung ist natürlich nur eine Minderheitenmeinung, aber JöRG, immerhin, hat ihr nie widersprochen. Und es spricht sogar einiges dafür, dass die Minderheit mit ihrer Meinung gar nicht so falsch liegt. Denn mit Walen hat es tatsächlich etwas zu tun, was JöRG gelegentlich von sich erzählte, oder vielmehr: von seinem Vater erzählte. Der habe nämlich einen ausgefallenen Beruf gehabt, bevor sie in unsere Stadt gezogen seien, berichtete JöRG gelegentlich: Er sei Walbeobachter gewesen und habe Walbeobachtungen für Besucher angeboten.

JöRG erzählt natürlich so allerhand. Einmal hat er auch erzählt, sein Vater habe das Rätsel der wahren Existenz Shakespeares gelöst. Sein Vater habe nämlich herausgefunden, dass der Autor der Werke Shakespeares in Wahrheit ein französischer Schriftsteller gewesen sei und Shakespeare nur der Übersetzer. Aber Shakespeare sei sehr unglücklich gewesen, nur der Übersetzer zu sein, und da hätten Freunde von ihm überlegt, wie sie ihm helfen könnten und seien nach Frankreich über den Ärmelkanal mit dem Schiff gefahren und hätten den französischen Schriftsteller aufgesucht und ihm viel Geld angeboten dafür, dass er überall herumerzählen solle, Shakespeare hätte die großen Theaterstücke und amüsanten Sonette geschrieben und er sei nur der Übersetzer ins Französische. Doch das wollte der französische Schriftsteller nicht und deshalb hätten ihn die Freunde von Shakespeare einfach umgebracht – das waren ja auch noch andere Zeiten damals, als jeder einen Degen trug – und alle Manuskripte mitgenommen zurück nach England, und seitdem wäre das ganze Werk des französischen Schriftstellers als das Werk Shakespeares bekannt geworden. Als Shakespeare alles übersetzt hatte, musste er aufhören, Theaterstücke und Gedichte herauszubringen, denn er konnte ja nur übersetzen und war in Wirklichkeit kein Schriftsteller. Das erklärt, warum Shakespeare plötzlich nichts mehr schrieb. Shakespeare sei übrigens unschuldig gewesen. Er habe bis zu seinem Tode nichts von dem Mord gewusst, sondern immer geglaubt, der französische Schriftsteller habe ihm die Werke verkauft. Die Freunde freuten sich darüber und sagten natürlich nichts. So war ihr Freund glücklich und sie konnten obendrein das Geld behalten. Sie mussten es sogar behalten, denn hätten sie es zurückgegeben, wie hätten sie da erklären können, warum die französischen Manuskripte dennoch in ihren Besitz gelangt waren. Das alles habe, so erklärte JöRG, sein Vater herausgefunden. Er sei zu diesem Zweck sogar kreuz und quer durch Frankreich gereist und habe einige Monate an der französischen Atlantikküste gewohnt, die sehr inspirierend sei.

Das erzählte JöRG von seinem Vater, wenn er ihn für einen Literaten hielt, aber manchmal hielt er ihn lieber für einen Mann auf einem Boot, der Wale beobachtete. Und das ist sein Vater wohl auch gewesen. Ich bin mir da zumindest ziemlich sicher.

Die Insel, auf der JöRG aufwuchs, war so klein, dass sie keinen Flugplatz und nicht einmal einen richtigen Hafen hatte, sondern nur eine Anlegestelle für Segelboote und Motorboote. Dennoch kamen immer wieder Besucher auf die Insel. Sie fuhren auf ihren großen weißen Kreuzfahrtschiffen herbei und kamen mit Ruderbooten zur Insel herüber. Das war eine besondere Attraktion gewesen, und die Besucher zahlten sogar einen Aufpreis dafür. Auf der Insel hätten sie Souvenirs gekauft, vor allem aber seinen Vater sehen wollen. Sein Vater habe einen runden goldgelben Bart gehabt und als Original gegolten. 10 Personen konnten sich auf seinem Schiff eng zusammendrängen, und mit denen sei er dann aufs Meer hinaus gefahren und habe Wale beobachtet. Muntere Delphine rechts und links, das sei natürlich der Standard gewesen. Und dann wären die Orcas aufgetaucht, hätten hohe Sprünge vollführt und dabei schallend gelacht – so jedenfalls erzählten es die, die so eine Fahrt mitgemacht hatten. Der Höhepunkt aber sei das Wasserballett gewesen, aufgeführt von einem Pottwal und einem Blauwal. Der Blauwal habe immer den Herrn und der Pottwal die Dame getanzt. Das hatten sie extra so mit JöRGs Vater abgesprochen, der sich mit allen Tieren der Welt mühelos verständigen konnte. Die Wale hätten das nicht tun müssen, aber sie konnten JöRGs Vater gut leiden, der ihnen außerdem den Tipp gegeben habe, dass Wale, die vor zahlenden Gästen Tänze aufführen, nicht gejagt würden und außerdem ein Beweis der überaus hohen Intelligenz aller Meeresbewohner seien und sie somit echte Lobbyarbeit nicht nur für sich, sondern für die Sicherheit aller Wale in allen Meeren leisten könnten usw. Den Walen waren solche Erläuterungen ganz recht, aber eigentlich auch ganz egal, denn sie führten gerne mal ein Tänzchen auf. Das stärkte außerdem die Gemeinschaft zwischen Blauwalen und Pottwalen und sicher auch noch anderen Walen. Also die Tänze, wie JöRG sie in Erinnerung hatte, sahen so aus: Die Wale richteten sich senkrecht aus dem Wasser auf, positionierten sich voreinander und drehten sich dann zu einer Mischung aus Walzer und Nussknacker, die der Wind pfiff. Den Gästen auf dem Boot verschlug es jedes Mal die Sprache. So etwas hatten sie noch nie gesehen. Leider hat auch niemand jemals ihren Erzählungen geglaubt. JöRGs Familie, immerhin, lebte ganz gut von diesen Walbeobachtungen.

Die Insel war, wie gesagt, recht klein. Es gab darauf nur ein Dorf und an dem einen schmalen Ende ein kleines Restaurant. Die Gäste, wenn sie ein paar Tage blieben, konnten im Dorf Fahrräder mieten und zu dem Restaurant fahren. Das machten sie gerne, denn dort grasten immer ein paar Schafe und blies ein erfrischender Wind. Die Gäste sagten, hier könne man sich so gut erholen wie nirgendwo. Manchmal war Hochwasser. Dann war das Restaurant ganz von Wasser umgeben und nur über eine schmale Holzbrücke zu erreichen. Die Schafe drängten sich in der Diele, aber der Betrieb ging weiter. Für die Gäste waren solche Tage besonders spannend.

Im Dorf gab es ein Rathaus, eine Schule, eine Kirche, eine Apotheke und einen Supermarkt, der aber nicht sehr groß war, wie man sich denken kann. Viele der Bewohner hielten Kühe, manche betrieben eine kleine Landwirtschaft. Besonders beliebt waren Apfelbäume, da der pazifische Apfel etwas ganz Besonderes ist.

Auf der anderen Seite des Dorfes, direkt gegenüber der Inselspitze mit dem Restaurant, stieg die Insel an und wurde rundlich. Hier gab es eine regelrechte Steilküste, über deren Höhenweg sich eine schöne Wanderung machen ließ. Die meisten Gäste stiegen hinauf und schauten übers Meer, auf dem ihr Kreuzfahrtschiff lag. Es gab auf der Welt keinen besseren Ort, das Kreuzfahrtschiff zu fotografieren.

Vor der Steilküste lag der einzige Brunnen des Dorfes. Morgens gingen die Leute mit Eimern zu dem Brunnen, der zugleich ein Springbrunnen war, denn manchmal schoss das Wasser in einer beeindruckenden Fontäne empor, aber nur manchmal. Das Brunnenloch war ummauert. Und so schöpften die Leute bequem das Wasser aus dem Brunnen und trugen es nach Hause. Wenn er selbst gerade nicht dran war, Wasser zu schöpfen und nach Hause zu tragen, saß JöRG, als er ein kleiner Junge war, auf der Mauer, die den Garten des Hauses umgab, in dem er wohnte, und schaute den Leuten zu, wie sie mit den Eimern zum Brunnen gingen. Das Haus lag direkt an dem runden Dorfplatz. Manchmal aß JöRG einen Apfel, wenn er den Leuten zuschaute, wie sie Wassereimer trugen. Manchmal hörte er die Kühe muhen, die auf Wasser warteten und manchmal läuteten auch die Glocken der Kirche. Das kam auf die Uhrzeit an. JöRG ging auch gerne selber Wasser holen.

Das machte ihm wenig aus, es war ja sonst nicht viel los auf der Insel.

Aber die Wasserholerei führte zu viel Streit. Wie das immer so ist. Die einen meinten, sie holten viel mehr Wasser als die anderen, würden sich viel mehr ums Dorf kümmern und viel häufiger Wasser schleppen. Die anderen meinten das genaue Gegenteil und mahnten außerdem, den Wasserverbrauch einzuschränken, denn wer könne schon wissen, wie lange der Brunnen reiche usw. So flogen im Rathaus bald die Fetzen.

Es wurde beschlossen, eine Wasserleitung zu bauen. Auch dafür waren nicht alle. Sie meinten, das gemeinsame Wasserholen sei gut für die Gemeinschaft, und eine Wasserleitung in jedes Haus fördere nur die ohnehin in unserer Zeit schon sehr bedenkliche Vereinzelung. Aber diese Kritiker mussten einsehen, dass angesichts der Streitereien wohl doch nicht mehr viel los war mit der viel beschworenen Gemeinschaft. Die Wasserleitung wurde also gebaut. Dicke Schläuche wurde vom Dorf über Land gezogen, Hydranten, wie sie sonst nur in New York stehen, aufgebaut – der Bürgermeister fand das schick – und eine Pumpanlage am Brunnen installiert. JöRG beobachtete alle diese Tätigkeiten mit großem Interesse. Das war, wie gesagt, als er ein kleiner Junge war.

In dieser Zeit der Bauarbeiten begann, so erinnerte sich JöRG, wenn er sich daran erinnern wollte, die Insel komische Bewegungen aufzuführen. Sie schüttelte sich regelrecht, und das war einigermaßen bedrohlich. Nicht, dass es sich um schlimme Erdbeben gehandelt hätte, das nicht, aber die Bewohner waren solche Bewegungen ihrer Insel nicht gewohnt, und bei Tante Emilie, das war eine Tante von JöRG, wie JöRG erzählte, fiel eine volle Kaffeetasse um. Für Tante Emilie war das eine Katastrophe.

Ich habe es oft erlebt, dass JöRG von der Zeit erzählen wollte, als er ein kleiner Junge war, aber an dieser Stelle seiner Erzählung stockte und nicht weiter kam. Kaum jemand weiß mehr, als dass eine Wasserleitung gebaut werden sollte und die Insel dann komische Bewegungen machte. Wahrscheinlich bin allein ich im Bilde. Denn einmal, da verriet mir JöRG, in der Nacht, als die Insel begonnen habe, sich zu bewegen, da habe er einen seltsamen Traum gehabt.

– Ich erzähle das nicht gerne, sagte JöRG, – denn ich misstraue Träumen. In ihnen passieren seltsame Dinge, die gar nicht wahr sein können, und solche Dinge erzähle ich nicht gerne. Aber ich will dir meinen Traum verraten, da du schon genug mit mir auszustehen hast.

Der Traum ging so: Auf einem weißen Pferdchen sei ein weiß gekleideter Prinz durch die Luft geflogen gekommen und auf der Insel gelandet. Der habe behauptet, die Insel sei keine Insel, sondern ein Wal, und er werde nun dafür sorgen, dass der arme Wal, der schon so lange ein Dorf und seine Bewohner tragen müsse, befreit werde und wieder nach Herzenslust tauchen könne. Das habe der Prinz vor der versammelten Bewohnerschaft auf dem runden Dorfplatz verkündet und er, JöRG, habe auf der Mauer gesessen und einen Apfel gegessen und es nicht glauben können. Die Inselbewohner seien aber sehr erschrocken, denn sie wollten natürlich nicht im Meer herumschwimmen, statt auf einer Insel zu wohnen. Der Wal, so der Prinz, sei es überdrüssig, ständig die vielen Füße auf seinem Rücken herumkratzen zu spüren und die Besucher seien auch immer mehr geworden und das Gerenne zu seinem Blas- und Atemloch – das brauche er immerhin, um zu leben! – ginge ihm auch auf die Nerven, und wenn jetzt noch eine Wasserleitung dazu käme, dann reiche es ihm endgültig.

Die Dorfbewohner entschuldigten sich. Sie hätten schließlich nicht gewusst, dass ihre Insel ein armer alter Wal sei. Und selbst wenn sie es gewusst hätten, hätten sie sich mit ihm ja gar nicht verständigen können, wo doch sein Maul immer unter Wasser liege.

Das sah der Prinz durchaus ein, aber es sei, wie es sei. Er jedenfalls sei gekommen, den Wal zu befreien, daran sei nichts mehr zu ändern.

Da hätten die Dorfbewohner lauthals protestiert. Er könne ja gut reden mit seinem fliegenden Pferd. Da könne man leicht einen Wal zum Abtauchen bewegen! Eine Frechheit sei das, und außerdem gäbe es dazu überhaupt keinen Ratsbeschluss.

– Kein Grund zur Panik! – habe der Prinz gerufen. Der Wal sei dazu verdammt, eine Insel zu sein, weil er vor vielen Jahren dreißig stattliche Segelschiffe verschluckt habe, aus lauter Bosheit. Seitdem steckten aber die Segelschiffe in ihm kreuz und quer und stächen ihn mit ihren Masten in die Seiten, so dass er sich gar nicht mehr rühren könne. Er, der Prinz werde dem Wal nun verraten, wie er sich richtig räuspern solle, um mit einem Schwung alle Segelschiffe auszuhusten. Auf die könnten die Bewohner dann umsteigen. Und er, der Prinz, werde dafür sorgen, dass alle eine glänzende Zukunft hätten. Eine echte Win-Win-Situation sei das: für den Wal, für die Dorfbewohner und nicht zuletzt für die armen Schiffsbesatzungen, die nun schon so lange im Bauch des Wales in der Dunkelheit säßen. An die müsse man auch einmal denken.

Mit diesen beruhigenden Worten des Prinzen sei er aufgewacht, erzählte JöRG, als er es erzählte. Und am nächsten Morgen habe tatsächlich ein Schimmel vor dem Rathaus gestanden und auch eine weiße Kutsche. Aber das sei nur eine Idee des Bürgermeisters gewesen für das Stadtfest, das in ein paar Tagen stattfinden sollte. Sie wohnten zwar nur in einem Dorf, aber der Bürgermeister sprach gerne vom Stadtfest.

Das Wetter war schön. Der Himmel war blau. Und so beschloss die Familie ausgerechnet am Tag nach JöRGs Traum mal wieder zusammen an der Walbeobachtung teilzunehmen. Die See war ruhig. Es kamen ein paar gut gelaunte Gäste vom nahen Kreuzfahrtschiff, sie fuhren hinaus, sahen den Orcas zu und dem Hochzeitswalzer und Wasserballett von Blauwal- und Pottwal, lieferten die Gäste bei ihrem Kreuzfahrtschiff wieder ab und fuhren gemächlich, in der Abenddämmerung, den Sonnenuntergang genießend, zur Insel zurück.

Nur war da keine Insel mehr. Nur noch flaches weites Meer. In der Ferne meinten sie Segelschiffe zu sehen. Das Kreuzfahrtschiff verschwand gerade hinter dem Horizont.

Jetzt zahlte es sich aus, dass JöRGs Vater so ein gutes Verhältnis zu den Walen hatte. Der Blauwal und der Pottwal und später auch die Orcas und die Delphine nahmen das kleine Boot mit der kleinen Familie in Schlepptau und brachten sie sicher an die Küste. An der Küste, dort wo einmal der Seefahrer James Cook landete, sprang einer der Orcas aus dem Wasser und verwandelte sich in einen Vogel von der Größe eines Doppeldeckerflugzeuges. Mit dem flog die Familie weiter über Land und noch weiter über das Meer und landete, warum, das konnte mir JöRG auch nicht erklären, bei uns. So ging JöRG bei uns zur Schule und wurde ein JöRG, wie es in jeder Stadt einen gibt, außer, dass es JöRG war, und das lässt sich natürlich schwer mit irgendetwas anderem vergleichen.

Von Tante Emilie sei noch eine Postkarte gekommen, erzählte JöRG bei anderer Gelegenheit. Die Schiffsfahrt sei ihr gut bekommen, schrieb sie darauf. Es ginge ihr gut und das Dorf vermisse sie nicht. Er schon –, sagte JöRG damals, er vermisse das Dorf schon manchmal, besonders die Äpfel, die er auf der Mauer gegessen habe. Solche Äpfel gebe es bei uns einfach nicht. Nunja, über Äpfel hat so jeder seine eigene Ansicht.

Die Wanderer

Da war eine Gruppe von Wanderern. Die hatten einen Gefangenen dabei. Auch zwei Polizisten standen ihnen zur Seite. Andere würden sie vielleicht Wachhabende nennen. Und es waren wohl eher diese Wachhabenden in dicken schwarzen Westen und mit Lautsprechern für den Funkverkehr im Ohr, die den Gefangenen bewachten, und nicht die Wanderer. Es war nicht leicht zu erkennen, wer zu wem gehörte oder gehören wollte oder gehören musste. Das war, als ich an der Bushaltestelle stand, an einem Tag im Herbst. Ich stand erst allein an der Bushaltestelle und dann mit dieser Gruppe oder wohl doch eher den zwei Gruppen, und ich muss sagen, dass mir etwas unheimlich wurde. Der Gefangene stand in Handschellen da. Die Bewacher schauten ihn ernst an. Auch untereinander waren sie schweigsam. Die Wanderer sahen dagegen nett aus: bunte Jacken, bunte Rucksäcke, ein paar Jungs, ein paar Mädels, wie viele genau, daran kann ich mich nicht mehr erinnern, auch nicht, ob sie eine gerade oder eine ungerade Zahl bildeten, sich zu Paaren aufteilen ließen oder nicht. Ich hätte das sicher wahrgenommen, wenn mich nicht der stoppelbärtige Gefangene in Handschellen und die Bewacher rund um ihn abgelenkt hätten.

Der Bus kam, und alle stiegen ein, als wäre nichts. Der Gefangene wurde auf einen freien Platz gesetzt. Ein Bewacher setzte sich neben ihn. Der andere blieb stehen. Es gab sogar noch mehr Bewacher und eine Bewacherin, aber das tut nichts zur Sache, außer, dass ich aufgrund der Vielzahl der Wachhabenden zu dem Schluss kam, der Gefangene und die jungen Leute der Wandergruppe stünden wahrscheinlich in keiner Beziehung zueinander.

Die Wandergruppe verteilte sich im Bus. Diejenigen, die saßen, stellten ihre Rucksäcke auf die Knie. Ich schaute mir das an und fragte mich, was mich so beunruhigte. An den Jungs war nichts

Besonderes, an den Mädchen auch nicht. Bis sich zwei anlächelten. Da sah ich, dass sie spitze Zähne hatten. Das war es also. Ende Oktober sollte niemand mit spitzen Zähnen herumlaufen, schon gar nicht als Frau, in einer Zeit, wenn die Wolken trüb sind und die Blätter von den Bäumen fallen.

Auf der Fahrt ereignete sich nichts. Die Endhaltestelle lag am Meer. Als sie erreicht war, waren nur noch der Gefangene mit seinen Bewachern, die Wanderer und ich im Bus. Sonst niemand, aber das waren genügend Leute, so dass der Busfahrer sich nicht wundern musste. Wir stiegen alle aus, auch der Busfahrer. Der Busfahrer zündete sich eine Zigarette an und beachtete uns nicht weiter, weder die Wachhabenden und den Gefangenen, noch die Wanderer und mich wohl am allerwenigsten.

Wir standen am Ufer am Meer, am Kai, an einer Anlegestelle. Das Meer war so grau wie der Himmel. Es war gar nicht so leicht zu sagen, wo der Himmel aufhörte und das Meer begann und ob das Meer vielleicht der Himmel und der Himmel vielleicht das Meer war, denn die Farbe unterschied sich nicht, und das Meer bewegte sich nicht, und der Himmel hatte keine Wolken.

Doch das Schiff, das wir alle erwarteten, wurde sichtbar, ein dunkles Grau, das sich bewegte, eine Fähre, doch ich dachte *Dampfer*, denn das erschien mir romantischer. Ein dummer Gedanke, ich weiß, und er währte nur kurz, denn kaum, dass ich ihn dachte, gab der Boden unter meinen Füßen nach.

– Du, der Kai kippt ab, rief ein Mädchen aus der Wandergruppe, und ihre spitzen Zähne blitzen hell auf. Wenn die Wanderer waren, was ich befürchtete, also gefährlich, dann hatten sie, was jetzt geschah, dennoch genauso wenig vorhergesehen wie ich.

Die Betonplatte senkte sich. Die Jungs der Wandergruppe griffen nach den Mädels, versuchten, sie mit sich nach oben zu ziehen, der Senkbewegung entgegen. Die Wachhabenden versuchten dasselbe mit ihrem Gefangenen. Aber es waren zu viele Hände, die verhedderten sich, und die Bewacher rissen sich und ihren

Gefangenen um und schlitterten die Betonplatte herab. Auch die Wanderer konnten sich nicht retten und schlitterten hinter her. Ich hätte es vielleicht geschafft, wenn ich nicht *Dampfer* gedacht hätte, denn dieser Gedanke lenkte mich eine Millisekunde zu lang ab, um rechtzeitig zu reagieren, und so verfehlte mein Sprung nach oben die Abbruchkannte und ich rutschte den Anderen nach und ins Meereswasser hinein.

Das Wasser war grün und milchig, kalt, aber es hätte schlimmer sein können. Unter Wasser sah ich, wie die Wachhabenden nach oben strebten, der Gefangene aber in seinen Handschnellen in die Tiefe sank. Und doch: ein Wachhabender tauchte hinter her, und auch zwei Mädels der Wandergruppe. Die hatten ihre Münder weit geöffnet. Fast konnte man meinen, sie tauchten mit den Zähnen. Die anderen aus der Gruppe schwammen im Kreis. Die Mädels drückten den Wachhabenden, der gerade nach dem Gefangenen greifen wollte, weg. Es entspann sich ein kleiner Kampf, dann hatten die Mädchen den Gefangenen an den Armen gegriffen und der Wachhabende gab auf. Vielleicht war es ihm auch ganz recht so. Er schwamm fort, wollte auftauchen, und ich dachte, das müsse ich nun auch bald tun. Doch ich sah noch, was ich fast schon erwartet hatte. Ein Mädchen hielt den Gefangenen, eines schwamm zu seinen Händen, ließ die Zähne blitzen und zerbiss mit einem einzigen Biss die Handschellen. Dann schwammen alle zur Oberfläche und ich folgte ihnen in ein paar Metern Abstand.

Wie gut, dass ich mich noch einmal umsah, denn da erblickte ich von unten vom Meeresgrund einen gewaltigen Hai auf uns zu schwimmen. Es fehlte nicht viel und er würde uns erreichen und uns alle verschlingen. Ein Mädchen war nur knapp über mir. Ich hielt sie am Fuß fest, sie drehte sich, verstand sofort, gab ihren Freundinnen Zeichen, und die Freundinnen verständigten die Jungs, und dann schwärmte die Wandergruppe, die nun eine Tauchergruppe war, aus, umgab den Hai und stürzte sich auf ihn. Sie verbissen sich in sein Fleisch. Ströme von Blut schossen aus dem

Fisch hervor, und in diesem tiefen Rot war schnell nichts mehr zu sehen. Ich tauchte auf. Ich rang nach Luft. Ich sah den Dampfer oder eben die Fähre. Doch nein, es war ein Dampfer. Ich hatte richtig gedacht.

Wenig später saß ich an einem Tisch in eine Decke gehüllt und trank Tee. Auch die Wachhabenden saßen an dem Tisch, waren in Decken gehüllt und tranken Tee. Ihr Gefangener war fort. Die Wanderer waren ebenfalls nicht an Bord. Sie waren wohl davon geschwommen, und der Gefangene hatte sich ihnen angeschlossen.

– Das war ja eine Geschichte! sagte ich über meinen Teebecher hinweg zu den Wachhabenden und Bewachern, die nun keinen Gefangenen mehr bei sich hatten. – Hm, brummte einer unwillig: Da soll sich jetzt die Wasserpolizei drum kümmern. – Mehr sagte er nicht. Bei der Truppe war auch eine Frau. Sie hatte schon wieder Knöpfe im Ohr und sprach eifrig in ein Mikro. Das war alles, was geschah, während der Dampfer übers Meer fuhr.

Als der Dampfer sein Ziel erreichte und anlegte, waren unsere Kleider im warmen Maschinenraum getrocknet. Als wir die Decken ablegten und uns wieder anzogen, machten die Wachhabenden einige Scherze, die aber nicht weiter von Belang sind, wenn man bedenkt, welches Erlebnis hinter uns lag.

Ich bat die Wachhabende, die mit ihrer Zentrale telefonierte, für mich meine Termine abzusagen, was sie freundlicher Weise auch tat. Sie boten mir auch an, mich mit dem Dienstwagen nach Hause zu fahren, aber das schien mir nicht notwendig zu sein. Ich fuhr mit dem Bus nach Hause.

Damals wohnte ich noch in der Nähe der Haltestelle Müllerstraße. Also stieg ich an der Haltestelle Müllerstraße aus. Dort in der Nähe hatte auch ein Vampirpfleger gewohnt, den ich kannte. Er hatte behauptet, es gebe nur kleine Vampire, die allerhöchstens eine Größe von vierzig Zentimetern erreichten, aber keine Vampire in der Größe von Erwachsenen. Leider war er fortgezogen, sonst hätte ich ihm sagen können: – Ich habe normalgroße Vampire getroffen, Jungs und Mädels in bunten Jacken und mit Rucksäcken, und hätte hinzugefügt, dass diese Vampire, wie mir schien, sehr hilfsbereit seien. Vielleicht wäre mir erklärt worden, dass ich mich irrte und um was es sich in Wirklichkeit handelte. Vielleicht hätte ich auch Zustimmung erfahren. Das blieb nun offen.

Als ich meinem Freund JöRG mein Erlebnis berichtete, meinte dieser, dass Haie in unserer Gesellschaft ein viel zu schlechtes Image haben, und dass auch meine Erzählung nichts dazu beitrüge, es zu bessern. Dem widersprach ich nicht, dachte aber, dass ein Erlebnis nun mal ein Erlebnis sei, an dem sich nichts ändern lässt. Ich beschloss natürlich, darüber nachdenken, denn wenn JöRG etwas meinte, dann hatte das sicher etwas zu bedeuten.

Die Tücher

Am Freitag, an einem Abend, besuchte mich ein Schriftsteller. Er kam aus Schottland, sagte er, oder gab zumindest vor, aus Schottland zu kommen. Auf jeden Fall trug er eine Melone und einen eleganten schwarzen Mantel. Die Melone ließ er, als er durch die Tür trat, die ich ihm selbst öffnete, ebenso elegant, wie sein Mantel war, auf den Hutständer in der Garderobe gleiten. Den Mantel hängte er darunter.

Ich lud den Schriftsteller an meinen Kamin ein und stellte ein Tischchen zwischen uns mit zwei Whiskygläsern. Das amüsierte den Schriftsteller. Er merkte, ich wollte es ihm so bequem machen wie in seinem ohne Zweifel hochherrschaftlichen Anwesen daheim im hohen, im schottischen Moor.

An dieser Stelle ist zu erwähnen, dass ich den Schriftsteller gar nicht kannte oder, sagen wir, kaum kannte. Am Sonntag war ich ihm auf der Straße begegnet. Die Art, wie er die Melone zum Gruß hob – so machte er es wohl bei allen Vorübergehenden (auf unserer Straße ist nicht viel los) – erinnerte mich an meinen Großvater. Dieser trug nur graue deutsche Hüte und graue Mäntel, aber als Mensch muss er dem Schriftsteller durchaus ähnlich gewesen sein. Diese Erinnerung, das lässt sich leicht denken, machte mir meine neue Bekanntschaft sympathisch. Wir plauderten auf offener Straße, und zum Abschied reichte mir der Schriftsteller – ich hatte nichts anderes erwartet – seine Karte. Ich gab ihm die meine.

Am Freitag, am Abend, besuchte er mich.

Er hob im Lichte des flackernden Kaminfeuers das Whiskyglas und erzählte, er wohne tatsächlich in einem Castle, einem hochherrschaftlichen Haus, vor dem gewaltige Tannen stünden, die die rote Klinkerfassade fast vollständig verdeckten. Nach hinten hinaus jedoch sehe aus den großen Fenstern der Blick auf grüne Hügel und Moore, Seen und Auen. Und wie er das sagte, wusste ich, welche Geschichte sich dort abspielen musste.

Der Schriftsteller sprach in seinem gepflegten Ton weiter, löste sich jedoch fortwährend in seine Bestandteile auf (dagegen konnte ich nichts machen), entschwebte zum Teil nach rechts, zum Teil nach links, schwebte zur Decke hin wie ein Gasballon, verflüchtigte sich im Whiskyglas, wurde zum Geist in der Flasche, und ich stand schließlich vor dem hochherrschaftlichen Herrenhaus auf dem Weg zwischen hohen Tannen, wohl wissend, dass ich hier keine Rolle spielen würde.

Es war eine Geschichte von ihm und von ihr oder auch eine Geschichte über Er und Sie. Denn kurz bevor ich gekommen war, war er bereits in das Haus eingezogen, wenn auch nur vorübergehend, für einen kurzen Studienaufenthalt oder als Geschäftsmann (was weiß ich), und auch sie war bereits mit ihren Koffern über die große Treppe am Eingang geschritten. Mit ihren Koffern, wie gesagt.

Er hatte ein Zimmer oder vielmehr ein Büro mit Bett im linken Eckflügel bezogen und sah schräg in einen Hof mit aufragenden klassizistischen Klinkerwänden und nur über die Ecke des Fensters hinaus in die Weite. Sie hatte die Seite mit den großen Fenstern belegt, von denen der Schriftsteller gesagt hatte, dass sie zum Park mit seinen Bäumen hinausschauten, und es bot sich wirklich jener weite Blick über Hügel und Wiesen, Moore und Auen, von denen der Schriftsteller (ich möchte es noch einmal betonen) ausführlich gesprochen hatte, um nicht zu sagen: geschwärmt.

Er wollte gerade sein Zimmer für einen Spaziergang verlassen, als er sie die Treppe im Haus, die selbstverständlich mit tiefen roten Teppichen ausgelegt war, emporkommen sah. Und sah, wie sie sich mit den Koffern abmühte. Was blieb ihm da anderes übrig, als ihr zu helfen. Und er half gerne. Als sie die Tür zu ihrem Zimmer am Ende der Treppe – es war natürlich mehr als ein Zimmer, es war ein Apartment – aufgeschlossen hatte und sie gemeinsam die Koffer in den großen Raum des Apartments hereintrugen, waren er und sie beeindruckt. Er lobte spontan die großartige Aussicht. Der Schriftsteller, dem das Schloss gehörte, hatte nicht übertrieben, auch wenn weder sie noch er wussten, dass der Schriftsteller mir von seinem Schloss erzählte.

Dann ließ er sie allein und begab sich auf seinen Spaziergang durchs Moor. Vom Fenster aus konnte sie ihn in der Ferne auf dem schmalen Wanderweg durchs Moor spazieren sehen.

Sie hatte auch Kinder, einen Jungen und ein Mädchen oder auch zwei oder drei Töchter. Das ist nicht mehr so ganz klar. Die fanden das Apartment einfach toll, als sie etwas später mit ihren kleinen Köfferchen hinterher kamen. Die jüngste Tochter baute sofort Bauklötze in einer Ecke des Apartments auf, dort wo die Kante des stark geblümten Teppichs auf dem glatten Parkettfußboden lag, auf dem die Bauklötze sehr gut standen und sogar dekorativ aussahen, wie die Mutter meinte. Eine ältere Tochter stand längere Zeit am Fenster und blickte in die Ferne. Dann verzog sie sich in den angrenzenden Raum, legte sich aufs Bett und las.

Abends sah man sich im Speiseraum. Der war nicht sehr belegt, aber auch nicht so leer, dass man sich hätte fürchten müssen. Der Schriftsteller sagte dazu bei mir zu Hause am Kamin, dass sein Hotel, seit er sich dazu entschlossen habe, in seinem Schloss den Hotelbetrieb aufzunehmen – eine Mischung aus Tagungshotel und Erholung mit Moorwanderungen und so weiter – ganz gut liefe und er nun endlich auch eine Reihe von dringend notwendigen Renovierungsmaßnahmen durchführen könne.

Noch später am Abend, als die Kinder schliefen, kam er mit einer Flasche Wein, um, wie beim Abendessen verabredet, mit ihr zusammen die Aussicht zu bewundern und ein wenig zu plaudern. Der Abendhimmel war tintenblau und die Sterne hingen daran als weiße Pünktchen. – Wie hingetupft, meinte er und sie fand, das sei eine sehr poetische Ausdrucksweise. Nur das Moor liege doch in der Nacht ein wenig unheimlich da. So sprachen sie und saßen in weinroten Sesselchen am großen Fenster mit Blick in die nächtliche Weite des schottischen Hochmoors. Denn der Schriftsteller, dem das Schloss gehörte, war, wie er sagte, sehr stolz darauf, dass sein Schloss im schottischen Hochmoor gelegen sei.

Sie tranken nur die halbe Flasche Wein und beschlossen, die andere Hälfte für den kommenden Tag aufzubewahren.

Am nächsten Morgen schaute er aus dem Fenster und traute seinen Augen nicht, denn es war nichts mehr hinter dem Fenster zu sehen. Da war nur eine weiße Fläche. Er war ein nüchterner Mensch, der sich keine Gedanken über seltsame Erscheinungen machte. Er hatte deshalb schnell verstanden, dass er nichts anderes als den Beginn der Renovierungsarbeiten erlebte. Um sein Fenster herum stand ein Baugerüst, das mit weißen Tüchern umhüllt war und er schaute nun aus dem Fenster direkt auf so ein weißes Tuch. Erst verwundert, dann doch ein wenig verärgert war er, denn das hätte ihm der Vermieter auch vorher sagen können, dass schon einen Tag nach dem Einzug das Fenster mit einem weißen Tuch verhüllt werden und vor der klassizistischen Klinkerfassade ein Baugerüst stehen würde. Baulärm wäre nun wohl auch zu erwarten. Und kaum hatte er das gedacht, schaute doch tatsächlich ein Arbeiter im schwarzen Anzug ins Zimmer. Der Arbeiter hatte einen Schnauzbart. Und er lächelte freundlich und sagte sowas wie guten Morgen durchs geschlossene Fenster. Dann verschwand er wieder. – Mehr eine Erscheinung als ein Mensch, dachte er, und bei diesem Gedanken sah er auch die Tücher etwas genauer an. Normale Bauplanen waren das nicht. Die Tücher waren aus einem wallenden Leinenstoff. Etwas Theatralisches lag in ihnen. Das wollte er sich genauer besehen, am besten noch vor dem Frühstück. So brachte er schneller als sonst das Bad hinter sich und eilte die große Treppe mit dem roten Teppich herab, überwand geschwind die steinerne Freitreppe am Eingangsportal und lief unter den hohen Tannen um das Schloss herum, das vorne noch so aussah wie immer, unverhüllt und klinkerrot. Aber die Rückseite, vor der er sprachlos zu stehen kam, war gänzlich eingehüllt in nicht nur weiße, sondern Tücher in vielen prächtigen Farben. Es dominierten ein dunkleres Rot, wie er es von den Straßenmarkisen aus Bologna kannte, und ein meerdunkles Blau, das er in Loire-Schlössern gesehen hatte, was aber schon lange her war. Die Tücher bewegten sich in der ganzen Länge vor der Schlossfassade im Wind, ein leichtes Flattern war zu hören, manchmal ein lauterer Tücherschlag, wenn eine leichte Bö unter eine der Planen am Rande geriet, sie aufblähte und wieder zusammenfallen ließ. Aber dramatisch war das nie. Es war ein ruhiger Anblick.

In diesen Anblick versunken und noch staunend hörte er hinter sich Fanfaren. Und in diesem Moment des Aufhorchens kam erstaunlicher Weise ich ins Spiel, obwohl ich dachte, ich hätte mit der Geschichte der Tücher gar nichts zu tun und sollte nur wiedergeben, was der Schriftsteller mir am Kamin erzählte, um, wie ich vermutete, ein wenig Werbung für sein erstaunliches Schloss zu machen, das er als Hotel in Schottland hatte registrieren lassen. Der Schriftsteller schlug mir vor, beim Anblick der Tücher zu erkennen, dass er ich sei, und zwar in genau dem Moment, in dem er oder eben ich die Fanfaren hörte.

Sie war in der Zwischenzeit nicht weniger erstaunt über die Tücher vor ihrem Fenster, von dem aus sie in die Morgensonne über dem Moor blicken wollte. Sie hatte blaues Tuch und rotes Tuch, auch weißes und noch andere Farben vor sich. Und diese Farben bewegten sich sanft im Wind. Es war durchaus ein schönes Farbschauspiel, nur nicht der Blick, den sie erwartet hatte, als sie aufgestanden war, um in einem langen Nachtrock den Blick aus dem Fenster zu genießen, ihn *in sich einzusaugen*, wie sie sich wörtlich vorgenommen hatte. Sie öffnete das Fenster und schob die Tücher ein wenig zu Seite.

Derweil war ich dem Fanfarenklang entgegen gelaufen. Ein gewaltiges Heer an Lanzenreitern tauchte hinter dem Moor auf.

Die Speerspitzen funkelten in der Morgensonne. Die Pferde schnaubten, der Boden erzitterte leicht. Ein einzelner Reiter mit einem ledigen Pferd kam mir entgegen. Wo ich denn bliebe, wollte er wissen, es sei längst Zeit. Ich schwang mich in den Sattel. Mir war klar, dass die Reiter das Schloss nicht zum Ziel hatten, sondern vorbeireiten würden. Fast konnte man vermuten, das Schloss sei nur deshalb mit Tüchern verhängt worden, damit niemand der Gäste das Schauspiel sehen sollte, damit niemand auch nur bemerkte, dass unten vor dem Schloss ein gewaltiger Zug an Lanzenreitern vorbeiritt.

Mir gefiel so eine Geheimhaltung nicht, vor allem nicht gegenüber der Frau, die mit ihren Kindern im schönsten Apartment des Schlosses wohnte und den Blick hinaus in die Weite des schottischen Hochmoores gebucht hatte und sicher auch noch eine Moorwanderung unternehmen wollte. Deshalb richtete ich mich hoch im Sattel auf und ritt hart unter das Fenster, hinter dem sie wohnte, und rief mit lauter Stimme, sie möge erwachen und die Tücher beiseiteschieben und sehen, welch' ein herrliches, grandioses Schauspiel sich vor ihrem Fenster hinter den Tüchern abspielte: der Vorbeizug eines Lanzenreiterheeres.

An dieser Stelle endete die Erzählung des schottischen Schriftstellers, der mich an einem Freitagabend besuchte. Ich weiß nicht mehr genau, wie es war. Er hatte sich schon weitgehend in seine Bestandteile aufgelöst, wie ich anfangs bemerkte. Möglich, dass er sich in Nebel verwandelt in die halb geleerte Whiskyflasche zurückzog, möglich, dass er in Moleküle und Atome zerlegt so nach und nach mein Haus verließ, um in der obersten Zinne seines Schlosses wieder aufzutauchen oder auf dem langen, von dichten hohen Tannen gesäumten Weg zum Schloss, um von dort den Fortschritt der Renovierungsarbeiten zu begutachten. Möglich, dass er einfach ging, seinen Mantel anzog, sich verabschiedete, für den schönen Abend dankte und mich einlud, doch einmal sein Schloss zu besuchen, wenn ich nicht schon da sei und für immer in dem großen Apartment mit dem herrlichen Blick in die Weite des Moores wohnte.

Möglich, dass er so gegangen ist, ganz unspektakulär, einfach durch die Tür. Wenn es so war, und ich bin mir wie gesagt nicht ganz sicher, dann hat er seine Melone vergessen. Denn der Mantel ist fort, aber die Melone hängt immer noch in meiner Garderobe. – Komisch, denke ich: Melone wird heute gar nicht mehr getragen. Vielleicht ist das auch der Grund. Vielleicht hängt die Melone deshalb noch in der Garderobe. Ich werde sie mir einmal genauer anschauen müssen.

Bis dahin wollte ich meinem Freund JöRG nichts von diesem Besuch und dem Besitzer der Melone erzählen.

Die Hohe Tatra

Als der Zug in die Hohe Tatra einfuhr, schlief Emily Brown mit dem Kopf auf dem Tisch. Tannen, wir können sie dunkel nennen, bedrängten den Zug in seiner Schneise, aber Flecken von verbliebenem Schnee gaben etwas Licht. Emily Brown träumte von Papier, träumte von Büchern, vielleicht auch von Videospielen, doch sie wusste, als sie später erwachte, keine Auskunft zu geben, von was sie geträumt hatte. Dabei waren die Tannen eingedrungen, eingedrungen in ihren Traum und damit in sie selbst, wollten Emily Brown für sich erobern. – Eine Fremde, dachten die Tannen: keine von hier, da wird es leichter sein, denn sie kennt sich nicht aus, weiß die Lage nicht einzuschätzen.

Und die Tannen rotteten sich zusammen, während der Zug fuhr und fuhr und der Zugführer nichts bemerkte und die Reisenden nur dachten: Der Wald ist ziemlich dunkel heute. Sie rotteten sich hinter dem Zug zusammen, sie rotteten sich vor dem Zug zusammen, sie rotteten sich seitwärts des Zuges zusammen, berührten schon den Zug, der unermüdlich fuhr.

Die Tannen hatten gut überlegt. An einer besonders engen Stelle legten sich vier oder fünf, es können auch mehr gewesen sein, über die Schienen. Der Zugführer zog mit Macht an der Bremse. Der Zug bremste mit kreischenden Rädern, schlitterte auf die Sperre zu, kam knapp davor zum Stoppen. Bäumen und Zug war nichts geschehen. Der Zugführer atmete tief durch.

– Sturmschäden, sprach er in sein Funkgerät, das ihn mit der Leitzentrale verband: Bäume auf Schienen. Bitte Räumkommando aussenden! – Ihm knisterte ein Okay! entgegen und man verlangte die genaue Ortsbestimmung, die der besonnene Zugführer geben konnte, denn so etwas hatte er im Gefühl. Und dann veranlasste er die Durchsage für die Reisenden: Leider sei es zu einem nicht geplanten Halt gekommen, da umgefallene Bäume die Trasse unpassierbar machten. Ein Räumtrupp sei jedoch verständigt und schon unterwegs.

Letzteres hoffte der Zugführer mehr als dass er es wusste, vor allem ließ er es zur Beruhigung der Passagiere sagen. Diese jedoch waren gar nicht beruhigt. Denn was sie erlebten, war ungeheuerlich.

Die Tannen rückten heran, schlossen von beiden Seiten den Zug ein, drückten sich dicht an dicht an die großen Fenster, drohten die Wagons zu zerquetschen. Das Licht in den Wagons fiel aus, der Himmel war nicht zu sehen. Es wurde vollständig finster.

Aber die Tannen zerquetschten und zerstörten den Zug nicht und alle, die darin saßen, obwohl sie das hätten tun können. Ihnen ging es um mehr. Sie wollten die Schneise durch die Berge ganz zum Verschwinden bringen, wollten die Schienen ausradieren. Dazu genügte es aber nicht, ein paar hundert Meter Schienen aus ihren Verankerungen zu reißen. Nein, dazu bedurfte es tausender, hunderttausender, vielleicht Millionen neuer Bäume, ewiger Bäume, die die Berge in allen ihren Schneisen überdecken könnten. Kräftige Bäume mussten es sein, eisenharte Bäume, die kein Mensch würde fällen können.

Und dafür brauchten sie einen Traum. Ohne einen Traum ist so etwas nicht möglich. Und diesen Traum sollte Emily Brown träumen. Deshalb hatten die Tannen den Zug gestoppt und aus der Zeit gehoben, denn mit der magischen Kraft, die allen Bäumen überall zu eigen ist, wollten sie in den Traum von Emily Brown eindringen. Emily Brown sollte ihnen die ewigen unzerstörbaren Bäume träumen, mit denen sie, die Tannen, wenn sie alle den Traum wieder verlassen hätten, zusammen die Schneise durch ihren Berg schließen wollten, um danach weiter alle Welt in einen neuen Urwald zu verwandeln.

Vielleicht wäre es ihnen gelungen. Emily Brown war eine gute Kandidatin für ihr Vorhaben. Aber an diesem Tag, ausgerechnet, träumte Emily Brown von Papier und von Büchern, vielleicht auch von Videospielen, vor allem aber von Papier, ja, ausgerechnet von Papier.

Die Tannen in ihrem Traum konnten nichts ausrichten. Sie ignorierte sie einfach, wollte nicht von ewigen, eisenharten Bäumen träumen, träumte von Papier.

Und schon rückte der Räumtrupp an mit seinen Sägen. Da verließen die Bäume den Traum und rückten die Tannen vom Zug wieder ab. Vor allem die Tannen, die sich auf die Schienen gelegt hatten, um den Zug zum Halten zu zwingen, richteten sich schnell auf und flüchteten in den Wald. Wer will sich schon so einfach zersägen lassen. Für nichts und wieder nichts.

Der Zugführer traute seinen Augen nicht. Die Reisenden rieben sich verwundert die Nasen. Und als das Räumkommando ankam, stand der Zug auf freier Strecke in der Schneise.

Das war dem Zugführer natürlich peinlich, und seine Geschichte, das wusste er selbst, war mehr als unglaubwürdig. Doch er brauchte sich nicht zu sorgen. Seine Zugbegleiterinnen und Zugbegleiter, die Schaffnerinnen und Schaffner also, alle Reisenden, auch die Kinder konnten bestätigen, dass der Wald tatsächlich den Zug gestoppt und überfallen hatte. Was ein Indianerüberfall auf einen Zug sei, das wisse wohl jeder, auch wenn sowas vor langer Zeit und auf einem ganz anderen Kontinent geschah. Diesmal war es eben einen Tannenbaumüberfall in der heimischen Tatra.

„Tannenbaumüberfall …“ Die vom Räumkommando schüttelten verständnislos die Köpfe, mussten aber einsehen, dass sich hier tatsächlich mal alle einig waren: Einheimische wie Gäste gleichermaßen.

In der Tatra nimmt man es zum Glück nicht so genau. Da lässt man schon einmal 5 gerade sein, wenn es dazu dient, Ärger zu vermeiden. Das Räumkommando fuhr wieder ab und vermeldete der Zentrale, es sei weniger schlimm gewesen als vermutet. Die Reisenden hätten sich zusammen mit dem Zugführer und den Zugbegleiterinnen und Zugbegleitern schon selbst befreit, als sie mit den Sägen eingetroffen seien, und man könne so ein Volk nur loben, das zu so großartigen Anstrengungen fähig sei. Die Gäste, die mitgeholfen hätten, die müsse man natürlich auch loben, natürlich.

Nur Emily Brown, die hatte von all dem nichts mitbekommen. Sie erwachte erst aus ihrem Traum von Papier, als der Räumtrupp schon wieder fort war und der Zug schon wieder rollte und die Schneise durch die Berge hinter sich ließ und die Berge mit ihren Tannen in die Ferne rückten.

Da reckte und streckte sie sich und dachte, was für ein erholsamer kleiner Traum das gewesen sei. Schade nur, dachte sie, dass sie das Innere der Berge dieser sagenumwobenen Tatra verpasst hatte. Aber, so freute sie sich, es werde ja noch eine Rückfahrt geben.

Und noch etwas ist zu sagen: Einige Tannen waren in Emily Browns Traum verblieben, in der Hoffnung, doch noch etwas auszurichten. Und in den nächsten Wochen und Monaten wunderte sich Emily Brown, warum sie jede Nacht von Bäumen träumte. Sie konnte sich einfach keinen Reim darauf machen.

Der Fluss und andere Begebenheiten

An einem warmen Juniabend nahm ich ein Bad im Fluss. Ich hatte ein Zelt am Ufer aufgeschlagen, und das war gut so, denn sonst wüsste ich von JöRG weniger, als ich heute weiß. Die Sonne stand schon tief und die hohen Pappeln spielgelten sich mit langen Schatten auf der Wasseroberfläche des gemächlichen Stromes. Ich schwamm durch die Pappelblätter, die auf ihm trieben. So dachte ich an nichts und war bereit, alles in mich aufzunehmen, was auf mich zukommen sollte. Als die Sonne unterging, trocknete ich mich vor dem Zelt ab, zog die Jeans über und ein dünnes T-Shirt an und entzündete ein kleines, schon vorbereitetes Lagerfeuer. Ich wollte mir gerade zur Feier des Abends eine Meerschaumpfeife anstecken, da hörte ich aus der aufziehenden Dunkelheit über dem Fluss jemanden rufen.

– Haaallooo! – rief dieser jemand: – Ist da ein Ufer? Kann man da landen?

Ich stand auf und schaute angestrengt auf den Fluss. Eine dunkle Masse mit zwei Köpfen, schemenhaft nur zu erkennen, drehte sich auf dem schon schwarz dunkel gewordenen Wasser.

– Hier kann man landen! – rief ich: – Hier, wo das Feuer ist!

Kurze Zeit später kletterte ein tropfnass triefender Mann in Boxershorts durch die Uferböschung. Hinter sich her zog er einen Schwimmring von beachtlicher Größe. In dem hatte er wohl gelegen. Und der zweite Kopf des massigen Wesens, das ich auf dem Fluss gesehen hatte, war der eines Pferdes. Im Schein des Lagerfeuers konnte ich erkennen, dass der Mann in einem großen, rosafarbenen, aufblasbaren Gummipferd auf dem Fluss unterwegs war. Ein kleines Beiboot zog er auch noch an Land. Darin lagen wohl einige wichtige Dinge zum Leben.

– Ach wie gut, wie gut! – rief der Mann halblaut: – Wer weiß wie lang ich sonst noch so herumgeschwommen wäre, und in der

Nacht mag ich das gar nicht. Kaum was zum Anlanden hier. Alle Ufer voller Gestrüpp! – Dabei zog er sein Schwimmpferd unter einen Felsenbirnenstrauch, legte das Beiboot in die Mitte des Rings und nahm ein großes Handtuch heraus, in das er sich fest einwickelte. So setzte er sich zu mir ans Lagerfeuer. Aus dem Handtuch zog er ein Fläschchen Birnengeist und zwei Gläser. Ich zündete mir endlich meine Meerschaumpfeife an, das machte ihm, wie er sagte nichts aus, gefalle ihm sogar, denn Meerschaumpfeifen hätten so etwas abenteuerliches an sich und das sei toll, obwohl ich, und damit deutete er mit dem Birnengeistgläschen auf mich, sicher gar nicht auf Abenteuer aus sei. Er grinste und ich wollte das Thema nicht vertiefen.

– Was machen Sie eigentlich für eine Tour? – wollte ich wissen.

– O – der Mann wurde sofort redselig: – Ich bin in vielen Welten unterwegs und benutze viele Transportmittel. Dieses hier ist etwas eigenwillig, aber es gefällt mir, und auf einem Fluss kommt man schnell voran. Ich suche an diesem Fluss das Haus eines französischen Schriftstellers, der so ungefähr vor vierhundertzwanzig Jahren ermordet wurde.

Ich muss ihn etwas verständnislos angeschaut haben.

– Ja, wissen Sie – sagte der Mann: – Die Sache ist nämlich so. Alle kennen Shakespeare, aber was Shakespeare geschrieben haben soll, stammt in Wirklichkeit von einem französischen Schriftsteller. Shakespeare war nur der Übersetzer. Freunde von diesem Shakespeare haben den armen Franzosen umgebracht, und Shakespeare hat behauptet, alle Stücke seien von ihm, obwohl er sie doch nur übersetzt hat.

– Ach – sagte ich: – Davon habe ich schon mal gehört. Das hat schon mal jemand behauptet, und der war sogar viele Monate in Frankreich, um diese These zu beweisen. Er soll sogar an der französischen Atlantikküste gewohnt haben.

– Genau, genau! – jubelte der Mann förmlich: – Das war der Vater von JöRG. Sagen Sie bloß, den kennen Sie! Die Welt ist doch wirklich ein Dorf!

– Ja, ich kenne ihn, aber ich weiß auch, dass nichts dabei herausgekommen ist. Der Vater von JöRG hat leider keinen Beweis erbringen können. Nichts gefunden von einem französischen Schriftsteller, der von den Freunden Shakespeares hätte ermordet sein können. Keine Briefe, keine verloren geglaubten Manuskripte. Nichts.

– Weil er falsch gesucht hat! – jubelte der Mann noch lauter, und ich war froh, dass wir in der Waldeinsamkeit saßen. – Er hätte nicht dort suchen sollen, wo er meinte, dass der französische Schriftsteller wohnte. Natürlich sind da alle Spuren beseitigt worden. Im Verborgenen muss man suchen! Hier, sage ich Ihnen, hier an diesem kleinen Fluss, da hat der französische Schriftsteller seinen Sommerurlaub verbracht. Ich bin mir ganz sicher! Und in seinem verborgenen Sommerhaus am Fluss zwischen hohem Schilf und Gesträuch, da werden noch heute die verlorenen Schriften liegen. Französische Shakespeare-Stücke sozusagen, natürlich in einem etwas altertümlichen Französisch. Man muss sie dann leicht modernisieren und ins Englische übersetzen, damit es richtige Shakespeare-Stücke werden. Ich sehe sie jetzt schon im Globe Theater vor mir, mit den originalen französischen Untertiteln!

– Aber erstmal müssen Sie sie finden.

– Ach, das ist die kleinste Übung. Woher kennen Sie eigentlich JöRGs Vater?

– Ich kenne JöRG.

– Sie kennen JöRG. Ja das ist ja allerhand!

– Dann kennen Sie ihn wohl auch.

– Ob ich JöRG kenne? Und wie ich ihn kenne! Ich habe ihn ja von der Insel geholt!

– Von dem Wal? Ich denke, da war er noch ein kleiner Junge.

– Nein, nicht diese Geschichte. Von der Kannibaleninsel, auf die er unbedingt wollte. So ein Blödsinn war das, aber irgendwann kriegt jeder Mal den Überdruss und macht so was, wie sich auf einer Kannibaleninsel absetzen lassen. Nur einfach, um eine Dummheit zu machen.

Jetzt war ich natürlich ganz Ohr. Alle wussten, wie und wann JöRG verschwand, aber niemand wusste, wann genau und unter welchen Umständen er wieder aufgetaucht war.

– Lassen Sie uns anstoßen auf JöRG! – sprach ich. Er goss den Birnengeist nach. – Dann haben Sie also JöRG gerettet.

– Haha – er lachte fett: JöRG gerettet! Als wenn man den retten müsste. Naja, vor Langeweile vielleicht auf seiner Insel.

– Aber da waren doch Kannibalen …

– Das glauben Sie! Ist doch alles gar nicht wahr. Sowas gibt es doch gar nicht oder besser: Ist alles üble Nachrede gegen brave Bürger auf kleinen Inseln. Oder noch besser: Ist das reinste Touristengeschwätz. Sowas, um die Inseln für diese Leute interessanter zu machen. Ach, was soll ich da lange reden. Ist ja alles Lüge heute. Hier: Shakespeares ermordeter französischer Schriftsteller. Das ist die einzige Wahrheit, zumindest die einzige Wahrheit, die zählt!

Ich befürchtete schon, mein in ein dickes Handtuch gewickelter, vom Birnengeist schon ganz beseelter Gesprächspartner würde nun ins Räsonieren kommen, aber er erinnerte sich an JöRG und begann zu erzählen, wie JöRG auf einer einsamen Kannibaleninsel gelandet sei, aber gar keine Kannibalen angetroffen hätte, sondern nur ein paar Wellenreiter und ihre Frauen und Kinder. Die hätten in ihren eleganten Hütten Elektronik der neusten Generation ausprobiert und sich als Aussteiger-Start-up-Unternehmen bezeichnet. Sie nannten sich auch Downshifter, Balancer und Slow Mover, aber das interessierte JöRG nicht, denn er war nicht gekommen, um neue Wörter zu lernen, sondern um etwas Neues zu erleben. So glücklich seien diese Leute in ihrem Start-up gewesen, dass sie JöRG rundweg ignorierten, aber wieder Wegkommen von der Insel erwies sich auch als schwierig. Hubschrauber landeten nicht, Flugzeuge auch nicht, Schiffe kamen selten vorbei, und den Walen war es in dieser Gegend so langweilig, dass sie sich nicht blicken ließen.

An dieser Stelle unterbrach ich die Erzählung. Denn ich wollte wissen, wie denn nun er, mein Erzähler, zur Insel habe kommen können, wenn sie doch so abgelegen und unzugänglich und obendrein ganz langweilig sei.

Das sei eine schwierige Geschichte. Er lebe nämlich, behauptete der Mann aus seiner Decke, in vielen parallelen Welten. – Das ist nicht leicht zu verstehen, ich weiß –, sagte er: – Ich erklär's Ihnen, weil Sie ein Freund von JöRG sind.

Und dann begann er zu erklären, dass es in der Welt nicht nur ein Universum, sondern viele Universen gebe. Man nenne sie Parallelwelten, und es sei durchaus möglich, in vielen parallelen Welten zu leben, man müsse nur wissen wie. Und er, er wisse es. JöRG inzwischen übrigens auch, aber der habe sich da ein wenig zu viel vorgenommen und sei etwas durcheinander geraten. Doch davon später.

– Hm, hm – fiel mir dazu nur ein.

Der Mann erzählte, dass es auch manchmal möglich sei, von der einen Parallelwelt in eine andere zu blicken, und das habe er auf der Insel getan und dabei JöRG gesehen.

– Sie müssen nämlich wissen, erzählte er weiter, nachdem er das dicke Handtuch etwas auseinandergeschlagen hatte und eine breite behaarte Brust zum Vorschein kommen ließ – es war ihm vom Lagerfeuer und vom Birnengeist etwas warm geworden – Sie müssen nämlich wissen, dass ich damals auch auf Südseeabenteuer aus war, so wie JöRG. Habe es nur etwas geschickter angestellt und mir als Parallele eine Zeit ausgesucht, in der es auf der Welt noch wild zuging. Ich schlich mich gerade an ein Lager der Insulaner heran, mir klopfte das Herz bis zum Hals, da sah ich durch den Nebel, der die Parallelwelten voneinander trennt, JöRG bei seinen Elektronikern sitzen und sich langweilen. Ich mag aber nichts weniger als Langeweile. Ich kannte JöRG zwar gar nicht und konnte ihn natürlich auch nicht fragen, aber ich habe einfach zugegriffen und ihn zu mir herübergezogen.

Das konnte nicht unbemerkt bleiben. Und schon war richtig was los. Ein Geschrei erhob sich, das kann ich Ihnen sagen. Und ein Getrommel, und schnell flogen uns die ersten Speere um den Kopf. Was für ein Spaß. Ich hatte mir einen richtigen Kampf vorgestellt, aber mit dem verdutzten JöRG an der Seite ging das nicht mehr. Also haben wir Fersengeld gegeben. Sind gelaufen was das Zeug hält. Ich wusste genau wohin, und JöRG immer an meiner Seite. War erstaunlich ausdauernd der Junge. Eigentlich war alles ganz leicht. Die paar Speere hatten unsere Verfolger schnell verschleudert und ich hatte mir für diese Reise einen wunderschönen Ballon gebaut. Damit wollte ich vierzig Tage unterwegs sein und meine Abenteuer später aufschreiben. Den Ballon erreichten wir mit kommodem Vorsprung, klettern in der Korb, kappten die Seile und flogen in alle Ruhe davon. So kam JöRG von der Insel.

– Aber in einem anderen Universum.

– Ja schon, aber sowas lässt sich leicht korrigieren. Wir flogen dann gemächlich übers Meer und landeten so ungefähr bei San Francisco. Es kann auch Victoria Island gewesen sein. Ich weiß nicht mehr so genau. Das spielt heute ja auch keine Rolle. Jedenfalls kannte ich da, wo wir landeten, ein gutes Fischrestaurant. Natürlich nicht in dieser, sondern in unserer Welt, in der wir uns jetzt auch gerade befinden. Wir waren also gelandet, da habe ich mit JöRG einfach das Universum gewechselt.

– So einfach?

– Für mich schon, aber es gehört natürlich Übung dazu und volle Konzentration. Zu oft in der Woche sollte man es nicht machen, das führt zu Kopfschmerzen, ganz heimtückischen Kopfschmerzen, gegen die auch Aspirin nicht hilft. Doch nach dem

Inselabenteuer waren wir gut erholt. Das Universum war also weg und der Ballon auch, dafür standen vor uns buntbemalte Holzhäuser auf Stelzen, die ins Meer hinausragen und die besten Fischrestaurants der amerikanischen Pazifikküste bieten. Kann ich nur empfehlen! Um es kurz zu machen: Im Restaurant bei Fisch und Wein erklärte ich JöRG die Sache mit den Parallelwelten. Kann eigentlich jeder erleben. Es bedarf keiner besonderen Ausrüstung und nicht mal einer besonderen Vorbereitung. Sie müssen nur ihr Smartphone in die rechte Hand nehmen und hinter das linke Ohr halten und dabei mit dem Daumen der linken Hand im Gehörgang des rechten Ohrs kratzen und gleichzeitig mit dem kleinen Finger derselben Hand auf dem linken Nackenrand die Melodie eines Liedes ihrer Wahl klopfen. Wenn Sie das tun, kommen sie überall hin, wohin Sie wollen.

– Aha, sagte ich.

– JöRG hat es gleich geschafft. Er ist erstaunlich talentiert. Und er wusste auch gleich, wohin er wollte. Das Fischrestaurant am Meer erinnerte ihn daran, dass er einmal in Stockholm gewesen und wie alle Stockholm-Fahrer das Vasa-Museum besucht hatte. Sie wissen, das Museum für Gustav Adolfs II. Prachtschiff, das am 10. August 1628 mit Mann und Maus im Stockholmer Hafen unterging. Wurde am 25. August 1956 gefunden und 1990 in dem eigens dafür gebauten Museum aufgestellt.

– Kenne ich, sagte ich.

– JöRG ging es nicht eigentlich um das Schiff, sondern um Beata. Falls Sie nicht wissen, wer das ist: Das war eine Frau, so ungefähr 25 Jahre, arm und unterernährt und nur ein Gast auf der Vasa. Weiß der Henker, warum sie überhaupt mitfuhr. Jedenfalls ist sie wie die meisten ertrunken. Aber JöRG hatte im Vasa-Museum ihre Wachsfigur gesehen und, wie er mir erzählte, damals schon gedacht: Wenn man die retten könnte … So ein Helferkomplex, wissen Sie.

– Ach so.

– Na, habe ich gedacht. Nichts leichter als das. Versuch es einfach. Immer schön an die Vasa und Beata denken und bei der Ankunft schnell die richtigen Anziehsachen besorgen. Hätte ich ihm gar nicht sagen brauchen. Er drehte schon am Smartphone und war weg. Alles sei auch ganz leicht gewesen, hat er mir nachher erzählt. Er sei schon in Leinenhosen und mit großem Hut im Hafen gelandet und ort- und zeitrichtiges Geld habe er auch in der Tasche gehabt. Und so sei er wie ein einfacher Passagier an Deck spaziert. Beata habe er sofort entdeckt. Sie habe an der Reling gestanden und sinnend in den Hafen geschaut. Er sei dann gleich neben ihr gestanden. Gesagt habe er nichts, denn mit dem alten Schwedischen – das hätte er sich nicht zugetraut, nach so kurzer Zeit. Es kam dann wie es kommen musste. JöRG war ja darauf vorbereitet. Das Schiff legte ab. Die Kanonen schossen Salut. Die Leute jubelten, die Offiziere riefen Kommandos, aber kaum von der Hafenmauer weg sei das Schiff in Schieflage geraten und langsam, aber sicher zur Seite gekippt, und schon war die ganze Stimmung dahin. Die Menschen schrien, die Ladung rutschte krachend über Deck, die Segel flatterten wütend, die Wasserkante kam nähe, und da habe er, so JöRG, Beata wie geplant umfasst und sei von Bord gesprungen, schon flogen die ersten Fässer und Planken und Leute hinterher. Eigentlich eine riskante Sache, im Nachhinein betrachtet, aber JöRG hatte alles genau durchdacht. Er ist ein guter Rettungsschwimmer und von einem ertrunkenen JöRG war im Vasa-Museum keine Rede. Er konnte sich also ziemlich sicher sein, dass es klappen würde. So kam er dann mit Beata wieder an den Landungssteg geschwommen, hievte sie hinauf und wollte mit der Mund-zu-Mund-Beatmung beginnen, wie er berichtete. Doch dann sei ein Matrose aufgetaucht, der behauptete, ihr Mann zu sein, und statt für die Rettung seiner Frau zu danken, habe er gleich Stress gemacht. Da habe er, JöRG, es vorgezogen, das Smartphone aus der wasserdichten Plastikhülle zu befreien, die er um den Hals an einem festen Lederband trug, und zur Verblüffung des wütenden Matrosen sein Kunststück vollführt. So kam er wieder ins Fischrestaurant zurück. Ich hatte gerade mein Weinglas geleert und schenkte mir und ihm sofort nach. Der Kellner hatte JöRGs Verschwinden gar nicht bemerkt, wunderte sich wohl nur über JöRGs so plötzlich nassen Haare, sagte aber nichts. Ich gratulierte JöRG zu seinem ersten erfolgreichen Ausflug in die Welt der parallelen Welten.

– Alles schön und gut, wandte ich ein: Aber sind das nicht einfach Zeitreisen? Das gibt es doch schon länger.

– Ja, nicht ganz. – Mein Mann mit dem Schwimmringpferd, der sein Handtuch am wärmenden Lagerfeuer nun ganz abgelegt hatte, grinste breit: – Wollen seh'n wie's weitergeht.

– Ich bin ganz Ohr.

– Nach diesem Seeabenteuer wollte JöRG etwas anderes ausprobieren. Wir zahlten und verließen das Lokal und gingen ein wenig am abendlichen Meer spazieren. Er interessiere sich für den Olymp, sagte JöRG, vielleicht könne man da ja wirklich Göttern begegnen. Also wieder Smartphone ans linke Ohr und so weiter. Ich sagte noch, ich werde auf einer Parkbank mit Meeresblick auf ihn warten, da war er auch schon verschwunden. Unersättlich, dieser JöRG. Ohne Verzögerung gelangte er in ein Bergsteigercamp und plauderte mit einigen Bergsteigern und brach am frühen Morgen zum Gipfel des Olymps auf. Er war nicht lange allein. Auf dem Weg traf er Polly. Polly trug zum Aufstieg nur Sandalen. JöRG fand das riskant, aber Polly war Holländerin und wusste nichts von Bergen. Da beschloss JöRG, sich ihrer anzunehmen. Der Aufstieg war anfänglich leicht, nur hatte JöRG in seiner Eile Zeiten und Orte völlig durcheinandergebracht. Plötzlich tauchten griechische Freiheitskämpfer in weißen Röckchen hinter einem Felsvorsprung auf und hinter einem anderen türkische Janitscharen. Die begannen sofort aufeinander zu schießen, denn sie dachten, sie wären mehr im Süden und es wäre 1821. JöRG und Polly mittendrin. Auch JöRG schoss aus der Hüfte zurück und ließ sich auf einige Zweikämpfe ein, während Polly den Freiheitskämpfern und den Janitscharen Schlingen legte, in denen sie sich verfingen und nicht weiter kamen. So ließen sie die Kämpfenden hinter sich. Als sie den Gipfel erreicht hatten, sah JöRG zu seiner Enttäuschung keine griechischen Götter. Genau genommen hatte er das auch nicht erwartet. Nun mussten sie an den Abstieg denken. Der war anders als der Aufstieg ziemlich steil, und Polly hatte nur Sandalen an den Füßen. Als sie mit den Fingerspitzen in den Fels gekrallt über dem Abgrund hingen, verlor Polly ihre Sandalen. Die Sandalen fielen kilometertief. Und JöRG ging es nicht besser. Bei dem Versuch, Pollys Füßen am Fels den rechten Weg zu zeigen, stürzte er ab. Polly musste ohne Bergführer weiter.

– Und JöRG?

– Ach, dem passiert so schnell nichts. Die Götter hielten sich verborgen, aber haben natürlich aufgepasst und verwandelten ihn kurzerhand in ein blaues, luftiges Kaninchen, so dass er ganz weich auf dem Boden aufkam. War allerdings immer noch schlimm genug. Doch auch daran hatten die Götter gedacht. Sie schickten Aphrodite in Gestalt einer Krankenschwester im Hubschrauber. Die nahm ihn auf und pflegte ihn schnell gesund. JöRG scherzte hinterher, dass vielen schon eine Krankenschwester als Aphrodite erschienen sei, aber wohl nur zu ihm allein sei Aphrodite als Krankenschwester gekommen. Er wollte darüber ein Buch schreiben mit dem Titel „Mein Leben mit Aphrodite“, habe diesen Plan aber wieder verworfen. Stattdessen zückte er noch auf dem Krankenbett das Smartphone und saß schon kurze Zeit später neben mir auf der Parkbank.

– Sie erzählen ja Geschichten.

– Ja, aufregende Geschichten, aber natürlich nicht meine. Mein Leben ist nicht so aufregend. Es sind JöRGs Geschichten, die ich Ihnen erzähle. Ich meinte dann auch, es sei nun spät und wir sollten uns ein Hotel suchen. JöRG war einverstanden, aber auf dem Weg zum Hotel meinte er, er wolle nochmal etwas Ruhigeres versuchen. Er habe nämlich vor langer Zeit ein schönes Mädchen nicht so angesprochen, wie er es hätte tun sollen. Das wolle er nun vor dem Schlafengehen noch schnell berichtigen. Ob das nicht langsam ein wenig zu viel werde, sagte ich noch, aber er war schon weg.

– Und?

– Naja. Er hat sie dann angesprochen. Und es muss ein schöner Abend geworden sein. Er habe einen Weißwein ausgegeben, aber mehr wollte er nicht verraten. Jedenfalls sah er ganz zufrieden aus, während ich derweil ein Hotel gefunden hatte. Wir checkten ein, nahmen die Schlüssel in Empfang und verabschiedeten uns für die Nacht.

– Ich muss nochmal fragen: Das sind doch einfach Zeitreisen in die fernere und die nähere Vergangenheit.

– Nicht ganz.– Mein bärtiger Erzähler machte eine große Geste mit beiden Händen, die er in kreisenden Bewegungen durch die Luft und über das langsam niederbrennende Lagerfeuer bewegte. Er zog sich sein großes Handtuch wieder über die Schultern. Jede Zeitreise verändert etwas, das ist Ihnen klar. Eine Beata wäre ertrunken, eine Polly im Olymp abgestürzt, ein schönes Mädchen hätte sich maßlos geärgert. All' das verändert das Leben und die Welt.

– Kann also alles nicht sein, denn Beata ist ertrunken. Das hat JöRG ja selbst im Museum erfahren. Von den anderen weiß ich allerdings nichts.

– Sehen Sie, und deshalb geht es um Parallelwelten! Es entsteht eine neue Welt, ein neuer historischer Strang sozusagen. Wenn JöRG Beata von der Vasa rettet, schafft er eine neue Welt, in der Beata heiratet und Kinder bekommt und ein Nachfahre vielleicht einmal Bürgermeister von Stockholm wird. Aber das heißt nicht, dass die Welt, in der Beata mit der Vasa im Hafen untergeht und der Nachkomme einer anderen Frau Bürgermeister wird, verschwindet. Nun existieren ab dem 10. August 1628 zwei Weltgeschichten, eine mit und eine ohne Beata.

– Also mehrere Welten gleichzeitig.

– So ist's. Und das lässt sich immer weiter wiederholen. Wer weiß, wie viele Weltgeschichten es schon gibt. Keiner weiß das, aber JöRG hatte die verrückte Idee, auf diese Weise die ideale Welt erschaffen zu können. Das sagte er mir noch, als ich schon den Schlafanzug angezogen hatte. Er klopfte an meine Zimmertür und sagte, er wisse, wie die ideale Welt zu erschaffen sei. Eine der vielen Parallelen müsse doch die reinste Paradiesgeschichte sein. Naja, am nächsten Morgen kam er nicht zum Frühstück. Ich hatte mir so was schon gedacht. Zu seinen drei Frauen ist er gereist und hat das Leben jeweils ideal für sie zu gestalten versucht. Immer mit ein paar kleinen Manipulationen. Aber nun stellen sie sich mal vor: Von einer Welt in die nächste springen, fast Viertelstündlich und immer wieder neue Weltgeschichten erschaffen, da hat sich JöRG – das konnte gar nicht anders sein – gehörig verheddert. Nach einem halben Jahr, das haben mir andere erzählt, muss er völlig von der Rolle gewesen sein und nicht mal mehr gewusst haben, wer er war und was sein richtiger Name ist. Traurige Geschichte.

– Aber nun sitzt er in einem schicken Büro und handelt mit Kiwis.

– Ja. Das ist wahr. Hat sich wieder gefangen, der alte Junge. Übrigens, das mit den Kiwis, das hat er von den Aussteiger-Start-Upern. Fruchtsäure mit High Tech! Das bringt's! Zu irgendwas musste die einsame Insel ja gut sein.

Damit beendeten wir den Abend, auch wenn es noch viel zu erzählen gegeben hätte.

Am nächsten Morgen brach der Mann mit seinem Schwimmringpferd früh auf. Er hatte dem Pferd ein Kofferradio um den Hals gehängt, aus dem lustige Musik erklang. So stieg er mit seiner Ausrüstung zu Wasser und schwamm davon.

– Ach übrigens, rief er mir von der Mitte des Flusses noch zu: – Auf diesem Fluss schwimmen viele Enten. Die finden ihre Nahrung am Grund. Gründeln nennt man das, aber wenn jemand den Fluss verseucht und das Leben auf dem Grund stirbt, dann gehen auch die Enten zugrunde. Das sollten wir nicht vergessen!

Der Tierpfleger

Er war Tierpfleger und wusste ziemlich genau, wie mit den Tieren auf Langstreckenflügen umzugehen war. Deshalb saß er bei den Meerschweinchen auf einem weißen Schemel aus Leichtplastik, hatte einen weißen Kittel an und rasierte die Meerschweinchen mit einer altertümlichen Rasiermaschine, wie sie vor langer Zeit bei Friseuren üblich war. Die Elektrizität kam aus einer Leitung, die zur Decke führte und zwischen den Lichtlamellen verschwand. Das hatte er selbst so eingerichtet, denn er war auch ein Tüftler und hatte Spaß an solchen Dingen. Er rasierte den Meerschweinchen vorsichtig das lange Haar ab, bis sie ganz nackt waren, dann setzte er sie zart in ihre Boxen, die mit weichem Schaumfaserfell ausgekleidet war, damit die Tiere sich nicht verletzten und es ihnen nicht kalt wurde. Sie sollten sich wohl fühlen. Die Haare sammelte der Tierpfleger achtsam in einem Beutel. Daraus ließ sich sicher noch etwas machen, wenn er auch noch nicht wusste, was. Nackte Meerschweinchen, das hört sich brutal an. Aber das war es nicht. Der Tierpfleger war alles andere als brutal, er sorgte sich um seine Tiere.

Der Tierpfleger hatte gleich von Anfang an, schon beim ersten Flug, gesagt, dass die Tiere wegen ihrer langen Haare lieber geschoren werden sollten, denn sonst würden die Haare auf der Reise viel zu lang wachsen und die Meerschweinchen daran ersticken.

Das sei doch Quatsch, hatte man ihm geantwortet. Bei Meerschweinchen würden die Haare nicht so wachsen wie bei Menschen. Er hatte nicht diskutieren wollen. Dabei wäre sowieso nichts rausgekommen, denn er war ja nur der Tierpfleger und nicht der Experte, wie die anderen, die sich als Experten sahen und sich so nannten oder so nennen ließen. War ja auch egal. Nur die Tiere taten ihm leid, beim ersten Flug. Und als sie ankamen, hatten sie den Salat, wie er sich nachher auszudrücken pflegte. Da schauten die Experten ziemlich dumm drein. Als sie die Meerschweinchenkisten öffneten, konnten sie die Tiere zuerst gar nicht finden. Bis an den Rand voll waren die Kisten mit Meerschweinchenhaaren, und im Gewühl der Haare fanden sie die armen Tiere: erstickt – wie vom Tierpfleger vorhergesagt. Keines hatte überlebt. So gründeten sie die Kolonie ohne Meerschweinchen, aber mit einem Meerschweinchenfriedhof. Das war das erste, was sie anlegten und in die fremde Erde gruben. Und mit diesem Akt entschuldigten sich die Experten bei dem Tierpfleger, was den Meerschweinchen nicht mehr half, aber immerhin Hoffnung für spätere Flüge gab. So sah es der Tierpfleger. Dass man dann mehr auf ihn gehört hätte, war nicht der Fall, und das hatte er auch nicht wirklich erwartet. Er gab sich damit zufrieden, in Zukunft die Meerschweinchen vor dem Flug zu rasieren, und das tat er jetzt. Er machte das sehr sorgfältig. Bei Missionen, wie jener, an der er nun schon zum vierten Mal teilnahm, war Sorgfalt das oberste Gebot.

Sie flogen nach Proxima b, dem der Erde am nächsten gelegenen erdähnlichen Planeten, nur 4, 24 Lichtjahre von der Erde entfernt, wie jedes Schulkind auf der Erde und auf Proxima b wusste, nur dass die Schulkinder auf Proxima b lernten, dass die Erde 4, 24 Lichtjahre von Proxima b entfernt sei. Physikalisch und raumgeographisch macht das natürlich keinen Unterschied, aber die Bewohner auf Proxima b legten sehr großen Wert auf diese Reihenfolge. Wie gut, dachte der Tierpfleger, dass es nicht weniger Lichtjahre waren, denn sonst hätte es sicher größeren Ärger zwischen der Erde und der mittlerweile *ehemaligen* Kolonie Proxima b gegeben.

Der Tierpfleger war in solchen Fragen, ob Proxima b von der Erde oder die Erde von Proxima b entfernt sei, neutral. Er hatte, genau genommen, schon lange nichts mehr mit der Erde und auch nichts mit Proxima b zu tun. Seine Welt war das Raumschiff und darüber hinaus kannte er den großen Hafen Baikonur, der immer noch so hieß, wie zu einer Zeit, da die meisten Menschen noch gar nicht wussten, dass Proxima b in einer Entfernung von 4, 24 Lichtjahren um den Stern Proxima Centauri kreist. Und er kannte vor allem Zoo Station im ehemaligen Florida. Genau genommen war Zoo Station die Halbinsel, die einmal Florida geheißen hatte, aber daran erinnerte sich auf der Erde kaum jemand. Nur Leute wie er, die schon beim ersten Flug nach Proxima b mit dabei und seitdem immer wieder mit verschiedenen Flügen zurückgekehrt waren, die erinnerten sich noch an Florida. Von Baikonur ging's nach Proxima b und von Proxima b zurück nach Baikonur und von Baikonur zu Zoo Station und später von dort mit dem neuen Tiertransport wieder zurück nach Baikonur und dann wieder nach Proxima b. Für ihn, den Tierpfleger, sollte das nun der vierte Flug werden. Und auch der letzte, das hatte er sich geschworen. – Entweder bleibe ich auf Proxima b oder es geht noch weiter. Da kam gestern ein ganz interessantes Angebot, das überdacht sein wollte. Aber auf die Erde geht's nicht nochmal zurück! – So dachte er, und in diesem Moment rutschte ihm sein langer Zylinder, den er auf dem Kopf balancierte, vom Kopf herunter. Der Zylinder fiel auf die noch unrasierten Meerschweinchen in der Box zu seinen Füßen. Die Meerschweinchen spritzten erschreckt auseinander. – Allein schon deswegen! dachte der Tierpfleger ärgerlich und hob den Zylinder auf und setzte ihn wieder auf den Kopf: – Allein schon deswegen. Das mache ich nicht mehr mit!

Seit Jahrhunderten flog die Menschheit Menschen und Tiere nach Proxima b, und der Tierpfleger war von Anfang an dabei. Das war möglich, weil er unverheiratet und ohne große Perspektiven war, wie er dachte, aber einem Abenteuer durchaus nicht abgeneigt. Wenn es klappte, konnte das eine große Sache werden. Wenn nicht, dann eben: Sei's drum! Das würde er sowieso nicht erleben. Das war vor langer Zeit gewesen, auch wenn es ihm selber schien, als wäre es gestern. Genau genommen war es für ihn auch sowas wie gestern. Denn die Jahrhunderte hatte er mehr oder weniger verschlafen. So wie alle, die sich nach Proxima b begaben.

Wir schaffen es in genau 44 Jahren und 8 Monaten hatte es geheißen. Und schnell war eine Formel daraus geworden: *44/8 – Proxima b*. Es kursierten recht dümmliche Slogans wie *Minimum wird Proximum* oder *Minimaler Einsatz, proximaler Gewinn* und so'n Zeug. Dahinter steckte natürlich eine grandiose Erfindung, nämlich der Sonnensegel-Fusions-Antrieb. Wie das funktionierte, wusste der Tierpfleger nicht, nur dass es irgendwas mit Antimaterie zu tun haben sollte, die in Fusionsmaterieenergie umgewandelt wird, und dass das komplette Raumschiff mit goldenen Sonnensegeln ausgestattet war, die Sonnenenergie erst von der Sonne, dann von Proxima Centauri zur Lenkung und zur Bremsung aufnahmen. Diese Segel und überhaupt die schlanken langen Schiffe, sahen sehr elegant aus. Dafür konnte sich der Tierpfleger sehr begeistern, und er hatte auch ein kleines Poster davon in seiner Kabine hängen. Eine schöne Kabine, die er allerdings nur wenige Monate während des ganzen Fluges bewohnte: die erste Zeit nach dem Start, wenn die Tiere zu betreuen waren und dafür gesorgt werden musste, dass alle gut schliefen, bevor der Tierpfleger selbst sich zur Ruhe begeben konnte, und einige Wochen vor der Landung, wenn der Tierpfleger wieder aufstand und den Tieren aus dem Schlaf half. Denn das war die zweite grandiose Erfindung, die erst gemacht werden musste, bevor an solche Flüge zu denken war: der sichere Kyro-Schlaf, auch Kälteschlaf genannt. So eine Art Einfrieren und Auftauen ohne Schaden, natürlich viel komplizierter und eigentlich doch keine Gefrierung im langläufigen Sinne, aber das waren technische Details, die den Tierpfleger nicht sehr interessierten. Er wusste nur, dass es sehr erholsam war. Auf der Erde und auf Proxima b war das Kyron-Nickerchen längst der übliche Schlafersatz und seit Jahrhunderten ein echter Hit. *Eine Stunde, und der Mensch fühlt sich wie neu.* Er lag mit allen anderen Crewmitgliedern über 44 Jahre in der Schlafkammer, aber das Gefühl am Ende war dasselbe. – *Wie neugeboren!* hieß es, und es fühlte sich wirklich so an.

So kamen sie vor langer Zeit mit den ersten Tieren nach Proxima b, denn eine Welt ohne Tiere, sei keine richtige Welt. Da waren sich alle einig. Schafe und Rinder, Katzen und Hunde, Tauben und Schmetterlinge – alles in Kombination mit den richtigen Pflanzen natürlich. Auch Löwen, Nashörner und Krokodile waren dabei, für die die richtigen Zäune mitgeliefert wurden. So schufen sie in wenigen Jahren den Garten Eden auf einem neuen Planeten. Die Kolonisten wohnten in netten Einfamilienhäusern, errichteten Schulen und sogar Kirchen, Moscheen, Synagogen und allerlei Tempel, alles so, wie sie es von der Erde gewohnt waren. Einige experimentierten auch mit neuen Formen und Bildungswissen. Besonders beliebt wurden Niketempel mit hübschen Athene-Monumenten, weil die so gut zur weißlichen Oberfläche des Planeten und seinen überraschenden spitzen Hügeln passten.

Solche Sachen gingen den Tierpfleger nichts an. Es störte ihn nicht, aber er hatte auch kein besonderes Interesse daran, denn er kümmerte sich um Tiere, und die kümmerten sich nicht um Schulen oder Tempel. So war es ihm auch gleichgültig, dass sich nach seiner dritten Reise Proxima b für unabhängig von der Erde erklärte. Zu dieser Zeit war das auch auf der Erde den meisten egal. Wichtig war nur, dass der Flugverkehr weiterging. Baikonur funktionierte, und Zoo Station arbeitete reibungslos. Alles war bestens, nur, dass er alle seine Meerschweinchen auf dem ersten Flug verloren hatte, das ärgerte ihn.

Als Tierpfleger konnte er damals nicht wissen, was passieren würde. Er wusste natürlich, dass Meerschweinchenhaare nicht weiter wachsen, wenn sie einmal gewachsen sind, aber er fühlte zu Recht, dass es im Kyro-Schlaf anders sein könnte. Und heute kennt jedes Kind die Kyro-Umkehrung: dass sich bestimmte Veranlagungen im Kyro-Schlaf in ihr Gegenteil verkehren, zum Beispiel Haarwachstum in Haarausfall und kein Haarwachstum in starkes

Haarwachstum. Kahlköpfige kamen mit voller Haarpracht auf Proxima b an und behaarte mit Glatzen. Für Frauen war das ein echtes Problem und die Ankunft nach dem ersten Flug ein echter Schock. Das ließ sich im Vorfeld inzwischen alles beheben. Alles kommt nur auf die richtige Vorbereitung an. Bei Meerschweinchen genügte es, sie zu scheren, dann erreichten sie Proxima b gut im Fell.

Der Zylinder rutschte wieder vom Kopf, rutschte vor die Augen. Der Tierpfleger konnte ihn diesmal gerade noch auffangen und zurückschieben. – Bescheuert dieser Zylinderzwang, fluchte er leise in sich hinein. – Aber das würde ja nun bald ein Ende haben.

Nach dem ersten Flug blieb er zwei Jahre auf Proxima b, baute das Tiergehege auf, installierte eine Futteranlage, engagierte sich im Faunaverein, der für eine abwechslungsreiche, durchmischte Pflanzenwelt in der Kolonie kämpfte, durchaus mit einigem Erfolg. Aber dann zog es ihn doch wieder zur Erde zurück. Proximasand sollte nach Hause (so sprach er noch von der Erde) transportiert werden, denn der eignete sich hervorragend für Leichtkunststoffe. *Hart wie Granit, aber leicht wie Daunenfedern*, so dachte er nostalgisch, und so war es auch. Und dann zurück mit dem nächsten Tiertransport. Zoo Station sollte sich gut entwickelt haben, wenn den spärlichen Infos von der Erde Glauben zu schenken war. Sand zur Erde, Tiere nach Proxima b. Der Handel konnte beginnen. Und der Tierpfleger sah sich als Pionier.

Genau 92 Jahre nach seinem ersten Abflug landete er wieder im Hafen Baikonur, selbst kaum drei Jahre älter. Aber die Welt hatte sich natürlich geändert. Mit Amerika war nicht mehr viel los. Das war abzusehen gewesen. Florida zur Zoo Station der Welt zu machen, war eine Idee der Seminolen. Indianer hatten ja schon immer ein Herz für Tiere. Und die Seminolen hatten sich auch gleich die wichtigsten Ämter im Aufsichtsrat und auf allen Führungsebenen verschafft, um nicht zu sagen: gegenseitig zugeschoben. Darüber hatte sich der ein oder andere vor hundert Jahren geärgert, aber jetzt war es gut so. Die Seminolenadministratur war so ziemlich das einzige, was noch funktionierte. Der amerikanische Präsident war ein weltbekannter Säufer, aber Chief Micanopy, der Erneuerte, so sein Ehrentitel, kümmerte sich nicht nur um Tiere, sondern organisierte auch den Weltraumhafen von Zoo Station. Alles perfekt, alles auf dem neusten Stand. Die Proxima-Pioniere wurden sogar mit traditionellen Tänzen und frischen Früchten ehrenvoll empfangen. Der Tierpfleger war begeistert und verliebte sich gleich in eine Tänzerin, aber das war nur von kurzer Dauer.

– Bald schon, seufzte der Tierpfleger in sich hinein, als er sich an die schöne Tänzerin erinnerte, die nun schon lange tot war, während er in den besten Mannesjahren sich befand, ging es wieder los. Eine neue Ladung schlafender Tiere und hunderte, nun aber rasierte Meerschweinchen. Die Seminolen hatten sofort verstanden, worauf es ankam. Ja, die hatten Erfahrung. Auf die konnte man sich verlassen.

Eigentlich sollte ja jede Tierart nur einmal nach Proxima b geflogen werden, so ähnlich wie einst auf der Arche Noah, alles Weitere sollte die Natur am neuen Ort selbst erledigen. Vermehrung war angesagt. Im Großen und Ganzen klappte das auch, aber bei den Meerschweinchen nicht so gut wie geplant. Vielleicht ein Effekt der Kyro-Umkehrung. Jedenfalls entsprach die Vermehrungsfrequenz der von Pottwalen, und das reichte bei Weitem nicht, um die Nachfrage nach Meerschweinchen auf Proxima b zu befriedigen. Deshalb rasierte der Tierpfleger Meerschweinchen für seinen vierten Flug, der sein letzter dieser Art werden sollte. Das war die dritte Charge rasierter Meerschweinchen. Und alle vorherigen rasierten waren immer gut und vollständig angekommen. Das war sein größter Erfolg im Leben. Um die Vermehrung mussten sich andere kümmern. Die Behebung von Vermehrungshemmung durch Kyro-Umkehrung lag nicht in seinem Metier.

Der Rest ist schnell erzählt. Sternreisen über Jahrhunderte hinweg werden schnell zur Routine. Tiere verladen und für den Flug vorbereiten, Abflug, Tiere in den Kyro-Schlaf bringen, selbst die Kyro-Kapsel aufsuchen. Aufwachen, Tiere wecken, Tiere zum Gehege begleiten, die Eingewöhnung begleiten, zwei Jahre auf Proxima b leben und wieder zurück mit ein paar Sternenreisenden und Megatonnen Sand. Natürlich war das alles nicht so einfach, wie es schnell hingeschrieben ist, und abwechslungsreich war es auch, und Spaß machte es auch, aber über die Jahrhunderte hinweg ... Schon immer hat die Menschheit geahnt, dass die Ewigkeit langweilig sein kann. Und einsam. Ja, das Schlimmste war wohl die Einsamkeit. Das hatte er am Anfang dieser Laufbahn nicht so recht bedacht. – Ich lebe ja sowieso allein, hatte er damals gedacht. Daran erinnerte er sich jetzt. Aber es gab doch in der alten Zeit noch die Stammkneipe, immerhin zwanzig Jahre lang, in der er dieselben Leute treffen konnte, wenn er wollte. Jetzt waren dieselben Leute gestorben, und wenn es die Stammkneipe noch gäbe, würde sich dort längst niemand mehr an ihn erinnern. Wie klein war die Zahl der Sternenreisenden, die den Trip immer wieder machten. Eine Handvoll Leute, und man sah sich selten. Die meisten, die nach Proxima b flogen, blieben dort wie einst die Pioniere, die in den Wilden Westen zogen. – Donnerwetter, dachte er bei sich selbst: was er noch für Wörter kannte. *Wilder Westen.* Das sagt heute niemandem mehr was.

Abwechslungsreich waren nur die Landungen auf der Erde. Da konnte sich in 50 Jahren eine Menge ändern. Beim zweiten Rückflug sprachen die Lotsen in Baikonur astreines Französisch. Das konnte an Bord niemand verstehen, auch der Tierpfleger nicht, obwohl er mal, vor so ungefähr zweihundertdreißig Jahren, Französisch in der Schule gehabt hatte. Aber wer kann sich schon nach 230 Jahren noch an entlegene Schulfächer erinnern. Gerettet hatte sie Marie, die Tierpflegeassistentin. Französin, tatsächlich. So was gab's noch. Marie freute sich. Sie war, um es mal so zu sagen, völlig aus dem Häuschen, sang von morgens bis abends die Marseillaise, was dem Rest der Besatzung ziemlich auf die Nerven ging, aber man konnte nichts machen, Marie hatte nun absolut das Sagen. Sie sah die Wiederauferstehung der Grande Nation und Frankreich als Weltmacht. Umso größer war dann die Enttäuschung. Der Tierpfleger musste Marie nach der Landung sogar in den Arm nehmen und trösten. Die vermeintlichen Franzosen in Baikonur waren Tadschiken, die im sogenannten Dreieckskrieg mit der Hilfe Chinas Kasachstan besetzt und Russisch und Englisch im tadschikischen Einflussbereich verboten hatten. Chinesisch wollten sie aber auch nicht, sprachen selber lieber Tadschikisch, was ihnen nicht zu verübeln ist, und erklärten Französisch zur internationalen Raumfahrtsprache. Das beherrschten die, die in Baikonur beschäftig waren, perfekt. Das musste man ihnen lassen. Sonst war aber nicht viel los im tadschikischen Großreich. An Zoo Station war es besser. Wieder traditionelle Tänze und frische Früchte und Micanopy, der Erneuerte war immer noch Chief und nannte sich außerdem Präsident der ISA, übersetzt: Indigenous States of America. – Schau mal an, dachte der Tierpfleger: Es gibt doch noch historische Gerechtigkeit. Aber beim Anblick der jungen schönen Tänzerinnen bekam er einen Kloß in den Hals, denn die Tänzerin, seine Tänzerin, die er vor hundert Jahren liebte, war nicht dabei. Natürlich nicht. Er mochte sich gar nicht ausmalen, wie sie jetzt wohl aussah.

Er blieb nicht lange auf der Erde, kaum mehr als ein Jahr. Und er blieb auch nicht lange auf Proxima b, nicht einmal zwei Jahre wie sonst. Er merkte, dass er unstet wurde, eine innere Unruhe ihn erfasste und auch der Kyro-Schlaf erfrischte nicht mehr wie früher. Die dritte Rückkehr zur Erde und das halbe Jahr danach hatten ihm den Rest gegeben. In Baikonur empfingen sie komische Gestalten mit lila Gesichtern, grünen Augen und, was das Schlimmste war, grünen Händen. Nichts gegen Grün, aber diese grünen Hände, die irritierten den Tierpfleger irgendwie. Die Wesen waren ganz in lange schwarze Mäntel gekleidet und trugen majestätisch hohe schwarze Zylinder. Sprechen wollten oder konnten sie nicht. Sie hatten Redecomputer an ihrer Seite. Das waren finster dreinblickende, seelenlose Gesellen, die aber jede Sprache sprachen, die ein Mensch sich nur vorstellen konnte. So gesehen klappte alles reibungslos. – Wie froh war ich aber, seufzte der Tierpfleger, als ich von Baikonur endlich wegkam und nach Zoo Station weiterfliegen konnte. – Er rasierte gerade sein vorletztes Meerschweinchen, dessen weiß-braunes Fell ihm besonders gut gefiel. *Wie ein Indianerpferd in vergangenen Tagen.* Das war die Assoziation, die ihm durch den Kopf glitt, und er erinnerte sich wieder an die Seminolentänzerin, seine Seminolentänzerin.

Zoo Station war dann leider eine Enttäuschung. Wieder die gleichen violett-grünen Typen mit ihren albernen Zylindern. Keine Tänzerinnen zur Begrüßung, keine Früchte, nur eine dürre Bewillkommnung mit einer ganzen Liste an Vorschriften. Immerhin ließ man ihm seinen Rasierapparat für die Meerschweinchen. Der Rest war aber nicht zum Aushalten. Von Micanopy war keine Rede mehr. Und was das Beste war: Allen Tierpflegern wurde vorgeschrieben, hohe schwarze Zylinderhüte zu tragen. Da saß er nun mit so einem unpraktischen Ding auf dem Kopf, das ihm ständig vom Kopf herabrutschte. Schon wieder! Der Zylinder hing auf der Nase. Jetzt reichte es aber. Er legte den lächerlichen Hut auf den Boden. Nicht lange, leider. Sofort regte sich der Rederoboter, der ihn überwachte: – Setzen Sie ihren Zylinder auf, befahl er und hob ein Ding, das der Tierpfleger aus alten Filmen als Laserpistole erkannte oder er zumindest für eine Laserpistole halten konnte.

– Hierher kehre ich nicht mehr zurück! – sagte er laut in den ansonsten leeren oder nur von kahlgeschorenen Meerschweinchen bevölkerten Raum. Er hatte sein letztes Meerschweinchen rasiert.

– Ich auch nicht, hörte er eine Stimme hinter sich. Eine Frauenstimme, denn eine Frau war in die Meerschweinchenabteilung gekommen. Der Tierpfleger schaute sich um und war sprachlos.

– Sie sind, sagte er: sie sehen aus wie …

– Ja, ich bin es, ich bin die Tänzerin.

Und es war die Seminolentänzerin, die schon mindestens 150 Jahre tot sein sollte.

– Wie ist das möglich? – brachte er kaum hörbar hervor.

– Apokatastasispillen, lächelte sie: – Hat Micanopy selbst entwickelt. Er hält sich jetzt im Verborgenen auf. Wie die Pillen wirken, weiß ich nicht, aber alle wachen zur rechten Zeit am rechten Ort auf, hat Micanopy, der Erneuerte und unser Erneuerer, versprochen. Und da bin ich nun!

– Mit nach Proxima b? – zu mehr Worten war der Tierpfleger nicht fähig. Und sie lacht und spricht: – Na klar und außerdem weiter. Du hast doch das Angebot für Zwerdultima X. Mit Wurmlochsprung wie nix zu erreichen, aber so ungefähr fünf Milliarden Lichtjahre weit weg. Ist es nicht so?

– Was du alles weißt, staunt der Tierpfleger.

– Ich habe für Proxima b zwei Kyro-Kapseln nebeneinander gebucht, sagt sie: – Und dann geht's weiter.

– Tolle Geschichte, denkt der Tierpfleger und klappt die Meerschweinchenbox zu: – Wirklich eine tolle Geschichte. Das ist der Stoff für einen ganzen Roman.

Die Schreibmaschinen

Nach dem öffentlichen Vortrag über einen großen Volksschriftsteller, dessen Name an dieser Stelle nicht genannt zu werden braucht, war es Zeit für Herrn Meier, der ein Gelehrter war, ein paar Tage auszuspannen, um auf andere Gedanken zu kommen. Den Applaus noch im Ohr bestiegen er und seine Frau den Zug, der aus der Stadt, in der sie wohnten, zu anderen Städten fahren sollte, und schon auf der Fahrt berieten sie, wohin die Reise gehen sollte. Herr Meier und seine Frau fanden sich zu ihrer Verwunderung in einem altertümlichen Abteilwagen wieder mit niedrigen roten Sesselchen, und da sie einander gegenüber saßen, konnten ihre Knie sich berühren, und während ihre Knie sich berührten und draußen vor dem Schiebefenster schon die Bäume davonhuschten und die Felder und Wälder zu einem Streifen aus Grüntönen verschwammen, zählten sie verschiedene Orte auf, in denen auszusteigen, es sich lohnen könnte, bis Herr Meier schließlich den Blick auf ein wie zufällig auf seinem Nebensitz liegengebliebenes Schwarz-Weiß-Prospektchen richtete, das für den Ort Hohenburg warb. Herr Meier nahm den Prospekt und studierte ihn aufmerksam. Der Ort Hohenburg sollte der Beschreibung zufolge romantisch verborgene Gassen mit dem krummen, typisch Hohenburgschen Fachwerk – etwas für Experten dieser Bauart – und eine Stiftskirche aufweisen, die von der großen Hohenburger Blütezeit zeuge, von einem wuchtigen, aber besteigbaren Felsen namens Wetzstein überragt sein und mit einer Burgruine nebst Schlossrestaurant aufwarten können. Die Burgruine sei erst vor kurzem unter der fachmännischen Leitung Professor Dr. H. Bräuers rekonstruiert worden. Kurz und gut: Genau das Richtige für drei Tage. Es gebe, so informierte das Schriftstück, das Herr Meier seiner Frau vorlas, keine Bahnstation, denn die sei vor einigen Jahren aufgegeben worden, die

Besucher und Besucherinnen könnten aber auf persönlichen Wunsch den ansonsten vorbeifahrenden Zug zum Aussteigen halten lassen. Dazu musste man wohl den Schaffner fragen.

Der Schaffner trug eine blaue Uniform und eine rote Mütze. Er freute sich unter einem enormen Seehundsschnurbart sichtlich über den Entschluss seiner Fahrgäste und wiederholte, der Bahnhof Hohenburg sei leider schon einige Jahre aufgelassen, was ihm völlig unverständlich sei und eine völlig falsche Entscheidung derer da oben, deren Politik er keinesfalls billige, aber er sei ja nur ein Schaffner. Doch auch ein Schaffner habe zum Glück noch seine Kompetenzen und mit ihm seien sie genau an den Richtigen geraten, denn er könne selbstverständlich den Zugfahrer – Zugfahrer sagte er – veranlassen, in Hohenburg einen außerplanmäßigen Halt einzulegen. Mit diesen Worten knipste er die ihm entgegengehaltenen Fahrkarten, sagte noch, der Halt erfolge in fünfzehn Minuten, salutierte und zog die Abteiltür hinter sich zu. Nach zehn Minuten kam er jedoch zurück, schob die Tür auf, als Herr Meier gerade den Koffer aus dem Gepäcknetz wuchtete, streckte einen Zettel ins Abteil und sprach mit gewichtiger Stimme, dass dies eine Servicenummer sei, die man anrufen könne, falls etwas sei. Herr Meier steckte den Zettel dankend in die linke Hemdtasche über dem Herzen.

Wenig später standen Herr und Frau Meier auf dem Bahnsteig des verlassenen, holzgebauten Hohenburger Bahnhofs. Der Rollkoffer lehnte an einem der dunkelbraun gebeizten Holzpfeiler. Unter der Bahn zischte weißer Wasserdampf hervor. Reisende schauten nicht aus den Fenstern. Ausgestiegen waren nur Herr Meier und Frau Meier. Der Schaffner stand in der Tür ihres Abteilwagens und stieß mit einem silbernen Pfeifchen einen schrillen Pfiff aus, der klang, als stürze sich ein Raubvogel auf seine Beute herab. Er winkte aber freundlich als der Zug anrollte und rief, während er schon mit der Linken die Tür zum Zug zuzog: – Gute Zeit die Dame, der Herr!

Herr und Frau Meier gingen die Bahnhofstraße herab. Herr Meier zog den Rollkoffer hinter sich her. Bescheidene Gründerzeitbebauung rechts und links, und die Bahnhofstraße mündete in die Hauptstraße. Dazwischen lag die Ringstraße, und nach der Hauptstraße folgten die im Prospekt angekündigten Gassen, die Holzhauergasse, die Fleischhauergasse, die Schneidergasse und die Flößergasse. Die verschlungenen Fäden dieser Wege zwischen rotbraunem, kastanienbraunem und schwarzbraunem Fachwerk mündeten in einen kreisrunden Marktplatz, der auch so hieß. In der Mitte des Marktplatzes stand ein ebenfalls kreisrunder Marktbrunnen, der von einer mit Engelsflügeln und Sternenkranz geschmückten Frauenfigur aus Marmor gekrönt wurde. Das konnte eine Himmelskönigin sein oder die Schutzheilige des Ortes oder auch etwas anderes. Es ließ sich auch für Herrn Meier, obwohl er ein Gelehrter war, nicht auf Anhieb sagen. Vor den gotischen Spitzbögen des Rathauses war ein Wegweiser aufgestellt worden, der die Richtungen *Zur Burg*, *Zur Stiftskirche* und *Zum Hotel* anzeigte. Es war also alles da.

Im Hotelzimmer türmten sich zwei weiße Gebirge aus Federbetten auf dem Doppelbett. Frau Meier ließ sich rücklings in eins der Gebirge fallen. Ob sie wohl bei Frau Holle eingekehrt wären, fragte sie. Die Frau an der Rezeption sei dafür zu jung, sinnierte Herr Meier, außerdem habe sie eine modische Brille getragen. Er zog eine Feder aus der Kopfkissennaht auf seiner Seite, ging damit zum Fenster, öffnete es und blies die Feder hinaus. Die Hauptstraße, an der das Hotel sich befand, lag neblig und unbelebt vor ihm. Es gab nicht einmal Autoverkehr, und den gibt es doch eigentlich immer, auch wenn keine Menschen zu sehen sind. Ein wenig wunderte sich Herr Meier, währenddessen der Feder eine leichte Bewegung nach oben gelang, ein Hauch von Bewegung nur, dann jedoch traf sie der erste Wassertropfen, an der Seite streifend, der sie niederdrückte. Im Propellerflug ging es abwärts, dem Pflaster entgegen, auf dem sich die weiße Feder schließlich entspannt ausbreitete. Nieselregen erfüllt die leere Hauptstraße. Herr Meier schloss das Fenster.

– Es nieselt, stellte Herr Meier fest.

– So, kommentierte seine Frau.

– Burgruine? Wetzstein?

Frau Meier schüttelte den Kopf. – Schau, sagte sie und erhob sich leicht aus dem Federbett, auf dem sie noch immer gelegen hatte: – Da liegt wieder ein Prospekt.

Herr Meier schaute seine Frau an. Das enorme weiße Kissen bildete hinter ihr eine hell leuchtende, nahezu quadratische Gloriole. Dann wandte er sich dem Prospekt auf dem Couchtischchen zu. – Heimatsmuseum, las er.

– Was soll'n das „s", fragte Frau Meier

– Macht keinen Sinn, meinte Herr Meier, – soll aber vielleicht originell sein und nostalgisch natürlich. Schwarz-weiß übrigens, der Prospekt. Wie der andere auch. Die Werbemacher scheinen hier den Retrostil zu bevorzugen. Morgen soll's wieder sonnig sein, sagt mir mein Gefühl.

– Dann schlag ich vor: Heimat*sss*museum. – Frau Meier schien sich an dem s zu erfreuen.

Das Museum war durch einen Hof zu betreten, der Hof selbst durch einen neugotischen Torbogen. Eine Glastür, in der schief das Schild „Wir haben geöffnet" hing, bildete unscheinbar das Ende des Hofes. Hinter dem Gebäude, überlegte Herr Meier, lagen bestimmt Gärten mit kleinen Jägerzäunen, die wiederum zu einer Bruchsteinmauer führten, hinter der wilde Büsche wuchsen und sich Füchse verborgen hielten. Doch das sollte sie jetzt nichts angehen, das, was möglicherweise hinter dem Museum lag. Herr Meier öffnete die Glastür. Sie kamen in einen graugrünen Gang mit einem rechts in die Wand eingelassenen Kassenhäuschen, dessen Schiebeglasfenster, nachdem sie sich mit Klingeln – ein goldenes Glöckchen hing an einem Faden herab – und Klopfen bemerkbar gemacht hatten, aufgeschoben wurde. Der runde Kopf einer Kassiererin im weißen Kittel schaute hervor. Die Kassiererin trug an allen Fingern Silberringe. Ihr Gesicht war runzlig. Auf den Silberringen blinkten blaue, grüne oder rote Glassteine. Die Augen Herrn Meiers wechselten unruhig zwischen Ringen und Runzeln hin und her. Seine Frau, die hinter ihm stand, sagte beherzt: – Zweimal. Aber die Kassiererin schien sie zu überhören: – Sie wünschen? – fragte sie. Der Mund der Kassiererin leuchtete. Sie hatte zwei goldene Zähne.

– Frau Holle, flüsterte Herr Meier zu seiner Frau, doch die wiederholte: – Zweimal.

– Heute gratis! quetschte Frau Holle durch ihre Goldzähne: – Bitte einzutreten!

Das Fensterchen rutschte zurück. Von Innen wurde ein Riegel, wie es sich anhörte, eingehängt. Und dann zog die Hand mit den Silberringen auch noch eine Gardine zu. Frau Holle war nicht mehr zu sehn. Sie verschwand hinter grauem Stoff.

Doch als habe dieser Stoff eine neue Form gefunden, schritt, kaum war der Vorhang zugezogen, ein graues Männchen herbei. Es war ein kleiner Herr mittleren Alters, der einen grauen Kittel anhatte, genauer gesagt einen blaugrauen, so wie ihn vor vielen Jahren die Hausmeister in alten Schulgebäuden trugen. Sein Gesicht war eher weißgrau zu nennen. Die Hände steckten in den Kitteltaschen verborgen. Eine hohe Stirn, wenige dünne, doch sorgfältig gekräuselte Haare, die Nase nicht spitz, nicht rund, die Augen wässrig, leicht verschwommen, zwei Tümpel im Hohenburger Nebel. So stand er vor Herrn Meier und seiner Frau.

– Bitte mir folgen zu wollen! – So sprach das Männchen und ergänzte, eine Garderobe sei leider nicht vorgesehen.

Herr Meier und Frau Meier knöpften ihre Mäntel auf, denn im Museum war es durchaus warm. Das Museum bestand aus einem einzigen Raum. An der Stirnseite, vom Eingang aus gesehen direkt gegenüber prangte ein opulentes Historiengemälde. Ritter mit wallenden Fahnen ritten von der Burg, die im Bild noch keine

Ruine mit Restaurant, sondern gerade erst erbaut war, herab ins Tal ins Städtchen Hohenburg. Mädchen streuten Blumen, einige Frauen wandten sich mit Tränen in den Augen vom Geschehen ab, auf den Zinnen bliesen Jünglinge in knapp geschnittenen Jägerkostümen in römische Fanfaren in den stürmisch bewölkten Himmel. – Ausritt der Hohenburger auf den zweiten Kreuzzug (1147) –, erläuterte der Hausmeister im grauen Kittel.

– Die sind wohl nicht wiedergekommen? meinte Herr Meier.

– So ungefähr mein Herr.

Auf das Gemälde zu waren zur linken und zur rechten hohe Vitrinenkästen aufgestellt, in denen ausgestopfte heimische Wildtiere standen.

– Vom Wildtierpräparator Professor Zeunig, erklärte der Hausmeister: – Rotwild, Damwild, Hasen und Füchse, ein Fasan und einige Mäuse. Gibt es alles in unseren Wäldern.

– Etwas eng, meinte Frau Meier, und das graue Männchen hob entschuldigend die Schultern: – Wissens, wir haben halt nicht mehr Raum. Bei uns ist alles ein wenig knapp.

Hinter den ausgestopften Tieren war aber noch Platz für einige Kästen zu Füßen des Auszug der Hohenburger auf den zweiten Kreuzzug, unter deren Glasplatten Tonscherben und Pfeilspitzen aus Stein zu sehen waren. Jeweils mit Angaben der Tongruben, in denen sie gefunden worden waren.

– Wir haben eine Siedlungsgeschichte, die über achttausend Jahre zurückreicht –, ließ sich der Graue wieder vernehmen. Der Rest des Museums, das heißt die Wandflächen rechter Hand, war mit Schwarz-Weiß-Fotografien und kleineren Gemälden, Aquarellen zumeist, ausgestattet, die Episoden aus der Stadtgeschichte bebilderten.

Das wäre alles gewesen, wenn nicht aus einem rechts vom Auszug der Hohenburger auf den zweiten Kreuzzug gelegenen dunklen Raum, der keinerlei Beleuchtung aufwies und wohl für gelegentliche, nun aber nicht gezeigte Wechselausstellungen gedacht war, Fäden eines feinen scharfen Brandgeruchs die Aufmerksamkeit Herrn Meiers und seiner Frau auf sich gezogen hätten. Sie hatten den Geruch schon beim Eintritt ins Museum bemerkt, doch nun war er so stark geworden, dass sie ihn nicht mehr ignorieren konnten und in den dunklen Raum starrten, um die Ursache – die Ursache eines gefährlichen Brandes womöglich! – auszumachen.

Sie erkannten in dem Dunkel zwei geschwärzte Stahlschränke, die im rechten Winkel zueinander standen. Auch sie wurden wohl als Vitrinen genutzt, denn ein schwacher Lichtschein schimmerte auf großen Glasscheiben. Der Museumsführer im blaugrauen Hausmeisterkittel machte eine abwehrende Bewegung, hob die faltigen Hände, zog sie tatsächlich aus den Taschen, als wolle er seine Gäste festhalten, doch da waren sie schon an die schweren Vitrinen herangetreten und schauten durch das rußig angeschwärzte Glas.

Auf dem Vitrinenboden lagen die Typen- und Tastenhebel altertümlicher Schreibmaschinen. Die Typen waren stark hervorstehend und scharf geschnitten, die Tasten rund und weich vertieft. Sie hatten goldene Buchstaben und goldene Ränder. Aber die Hebel und Gelenke waren verbogen und in sich verdreht, zu Spiralen aufgewickelt oder gar zu Tieren verformt. Zettel lagen davor, handschriftlich beschriftet. Die ersten dieser Schreibmaschinenhebelobjekte hießen nach Vögeln: Habicht, Adler, Schwan usw. Dann folgten Raubkatzen: Luchs, Leopard und Löwe, und danach kamen Dachs, Fuchs und Wolf. Diese größeren Tiere waren aus den Hebeln von drei bis vier Schreibmaschinen geformt. Das war die erste Stahlschrankvitrine. In der zweiten lagen ganze Bündel und Haufen von Schreibmaschinenhebeln und Bruchstücke von Gehäusen mit den klangvollen Namen Underwood, Royal und Olivetti. Die Zettelchen verrieten, dass hier große Schlachten nachgebildet sein sollten: Jena und Auerstedt hieß ein so ein Haufen, Sedan ein zweiter, Verdun ein dritter und auch Tenochtitlán war dabei. Immer waren die Buchstaben und die Typen mit ihren

Hebeln verschlungen, führten die K-Tasten zu T-Typen und lagen die Q-Tasten nicht mehr neben den W-Tasten, sondern schmiegten sich an die G- oder Ö-Tasten oder waren noch ganz anders durcheinander geraten. Die Hebel waren so verdreht, dass sie offene Vogelschnäbel bildeten, zum Schrei aufgerissen, oder züngelnde Flammen, die sich selbst verzehrten oder sich so ineinander schlangen, dass sie zu Müll wurden, der nichts mehr darstellen konnte, aus dem nichts mehr zu lesen war. Alles in Allem: eine erstaunliche Installation, wie Herr Meier bemerkte und schon den Hausmeister oder Museumswärter oder was auch immer er darstellen mochte, fragen wollte, warum denn der Höhepunkt des Museums, künstlerisch betrachtet zumindest, nicht beleuchtet werde. Doch seine Frau hielt ihn davon ab, denn sie bemerkte den misstrauischen Blick des Grauen, und sie bemerkte noch etwas ganz anderes. Alle Objekte glimmten an den unteren Rändern. Die Zettelchen waren schon leicht gebogen und an den Seiten verkohlt, der Boden der Vitrinen hatte ein verstecktes Glühen, die Vitrinenscheiben waren von feinem Ruß überzogen. Daher der Geruch. Die Vitrinen standen kurz davor, Feuer zu fangen.

– Das ist ja ein Schwelbrand, sagte Herr Meier zu dem Männchen im blaugrauen Kittel.

– Ja, ja, antwortete der: – Wenn es zu schlimm wird, gießen wir etwas Wasser darüber. Aber was kümmert Sie das. Lassen Sie uns jetzt gehen. Wir schließen gleich. – Er klapperte mit einem Schlüsselbund in der Kitteltasche.

Herr Meier wollte etwas sagen: Dass ein Schwelbrand nicht auf die leichte Schulter zu nehmen sei. Dass die interessanten Objekte verschmelzen und verloren gehen könnten. Dass der Geruch schon jetzt bedrohlich wirke. Doch bevor er all das sagen konnte, löste sich aus dem Dunkel hinter den Vitrinen ein weiterer Mann. Dieser Mann war groß, hager. Er trug einen großkarierten weinroten Anzug. Sein Gesicht war eingefallen, grau wie der Kittel des Museumswärters und Hausmeisters. Die Nase lief spitz zu, aber die Lippen waren dennoch voll und weinrot wie der Anzug, fast wulstig zu nennen. Lange schwarze Haare trug der Mann, die auf der Schulter zu Fleischerhaken gebogen waren, die auf ihr Gegenüber zeigten, als wollten sie jeden, der sich ihnen näherte aufspießen. In der Hand hielt die seltsame Gestalt einen eingedrückten schwarzen Zylinder, den der Mann jedoch gleich, als er hervortrat auf die erste der Stahlschrankvitrinen legte.

– Ich kann Ihnen erklären, was hier geschieht –, begann er seine Rede.

– Reden Sie nicht mit dem! – schrie der Hausmeister im blaugrauen Kittel aufgeregt. Er schüttelte sogar die Faust, war jedoch gleich so benommen, dass er zurücktaumelte, gegen den Kasten mit Pfeilspitzen und Tonscherben stieß, achttausend Jahre Siedlungsgeschichte verrückte und fluchtartig das Museum verließ.

– Ja, wenn ich erscheine, haben sie Angst –, grinste der Großkarierte: – Aber sonst sind sie hinter mir her.

– Hinter Ihnen? – meldete sich Frau Meier. Herr Meier war noch sprachlos.

– Ja, denn ich bin der Künstler und Dokumentarist dieses Ortes. Und sehen sie, was ich zeige: Die Tierwelt, wie sie ist und die Geschichte, wie sie ist. Aber sie haben Feuer gelegt an meine Schreibmaschinen, die alles aufschreiben, wie es ist. Wussten Sie, dass Nietzsche, als er nicht mehr sehen konnte, seine Finger einer Schreibmaschine anvertraute? Nein, das wussten Sie nicht. Die Schreibmaschine hat alles für ihn aufgeschrieben. Und meine Schreibmaschinen, die ich lange gesammelt habe, sie wissen alles und schreiben alles auf und zeigen alles in den Vitrinen, aber der Graue und der Bürgermeister und die mit den Goldzähnen – und ich bin sicher, auch die schicke Rezeptionistin im Hotel steckt mit ihnen unter einer Decke – die wollen nicht, dass die Schreibmaschinen sagen, was sie wissen und haben Feuer gelegt. Ein langsames Feuer ist es, damit es nicht so auffällt, aber die Schreibmaschinentypen- und -tastenhebel werden zerstört, langsam verschmolzen.

Das haben Sie richtig erkannt! Und denen ist es egal, wenn das ganze Museum, ja die ganze Stadt in Flammen aufgehen!

Damit endete der Bericht des Künstlers und Dokumentaristen. Ein unruhiges Flackern flammte in seinen Augen auf. Herr Meier bemerkte es sofort. Der Mann, der aus alten Schreibmaschinen aus den Haushalten von Schreibern und aus Kanzleien die Tasten- und Typenhebel gerissen hatte, um sie in Vitrinen zu legen schaute nervös umher, ließ den Blick über alle Objekte schweifen, die er kannte, suchte, ob er den blaugrauen Museumswärter entdecken könnte und entdeckte ihn. Denn der Hausmeister im blaugrauen Kittel war zurückgekommen und saß verborgen auf einem Stuhl hinter dem Damwild mit dem Kinn auf der Brust, ein zusammengefallener Kittel ohne Inhalt, und schlief. Ein leichtes Schnarchen und Brustrasseln war zu hören. Da beugte sich der Künstler und Dokumentarist zu Herrn und Frau Meier herunter und flüsterte verschwörerisch: – Lassen Sie uns schnell verschwinden, bevor er aufwacht. Sonst kann es noch ein böses Erwachen geben. Sie wissen ja. Man will mich vernichten, und Sie sind auf meiner Seite!

Herr und Frau Meier schauten sich verständnislos an, aber sie schlichen dem Großkarierten auf leisen Sohlen hinterher, an dem Grauen vorbei und am Kassenhäuschen vorbei, hinaus ins Freie.

Im Freien atmete der Künstler und Dokumentarist tief durch und schüttelte seine langen schwarzen Haare. Frau Meier begann ein paar Fotos vom Innenhof und der Fassade des Museums mit Mann und Künstler zu machen. Der Künstler und Dokumentarist nutzte dies, um sich nun ganz konspirativ an Herrn Meier zu wenden: – Heute Nacht! Meine Werke liegen in den Stahlschrankvitrinen, damit niemand mehr an sie herankommt, und in den Schränken sollen sie verglühen. Aber ich habe den Schlüssel, um sie zu befreien! Heute Nacht! Machen Sie mit! Nachts um zwei! Da denkt niemand daran, sich um das Museum zu kümmern.

Herr Meier schwieg, aber er war einem Abenteuer nicht abgeneigt. Herr Meier nickte leicht.

Natürlich war das alles unsinnig. Aber nachts um Viertelvorzwei war Herr Meier aus dem Hotelfenster gestiegen, war an der Regenrinne herab zur Straße geklettert und hatte sich Punkt um Zwei am Museum eingefunden. Herr Meier war in einen dunkelblauen Mantel gehüllt, von einem solchen Stoff, als könne darin die Welt verborgen sein und sein Träger mit dem Nachthimmel eins werden. Er hatte sich von der rückwärtigen Seite des Museums angeschlichen, auf der, wie vermutet, kleine Gärten lagen, von Kieswegen durchzogen, an deren Grasrändern Herr Meier vorsichtig heranpirschte. Er überwand die Bruchsteinmauer, die er sich am Tag zuvor vorgestellt hatte, und fand einen Durchgang in den Museumshof und vor dem Eingang unter einer Gartenbank verborgen den Künstler und Dokumentaristen, der sich schon wieder im Besitz seines Zylinders befand. Den weinrotkarierten Anzug hatte er, um unsichtbar bleiben zu können, gegen einen dunkelgrünkarierten Anzug vertauscht.

Als der Künstler und Dokumentarist Herrn Meier heranschleichen sah, kam er unter der Gartenbank hervor, legte den Zylinder auf einen Fenstersims, nickte kurz Herrn Meier zu und knackte mit einer leichten Bewegung den Verschluss des mittleren Fensters, hebelte es mühelos auf und schob seinen Oberkörper langsam durch die Öffnung. Die Beine in schwarzen Stiefeln schauten noch eine Weile heraus, dann schlugen sie ein paar Mal zusammen und waren auch verschwunden. Herr Meier tat es ihm nach und kletterte hinterdrein. Er tappte im Dunkeln durch das Museum. Der Künstler und Dokumentarist schien verschwunden. Doch bei den Stahlschrankvitrinen tauchte er auf. Der Schwelbrand hatte sich ausgebreitet. Es roch schärfer noch als am Tag nach Brandgeruch. Der Künstler und Dokumentarist trug zwei Wassereimer. Das war in der Dunkelheit zu erkennen, durch die vom Historiengemälde her die Rüstungen der Kreuzfahrer blitzten. Der Künstler und Dokumentarist zog einen Schraubendreher aus dem grünkarierten Anzug. Auch der Schraubendreher schimmerte im Schein der gemalten Rüstungen. – Zuerst die, die schon stark brennt –, flüsterte er, und mit zwei, drei Griffen und Drehbewegungen hatte er die Vitrine mit den Schlachtendarstellungen entriegelt.

– Hier! – Er hielt Herrn Meier feuerfeste Fausthandschuhe hin. Vereint öffneten sie das Vitrinenglas, hoben es empor, stellten es auf den Boden. Beißender Rauch quoll ihnen entgegen. Mit schnellen, wie es schien, geübten Griffen wie einer, der allabendlich einen Einbruch verübt, griff der Karierte in die Vitrine und holte die verbogenen Tasten- und Typenhebel und die Gehäusereste hervor, tunkte sie zischend in die bereitgestellten Eimer, zog sie, abgekühlt wieder heraus, legte sie, auf eine zuvor schon ausgerollte Decke neben der Stahlschrankvitrine. Er nickte Herrn Meier zu.

– Weiter, flüsterte er und – Schnell! – wollte er wohl noch hinzufügen. Doch dazu kam es nicht. Der schneidende Schein einer grellen Taschenlampe traf den Künstler und Dokumentaristen und Herrn Meier. Ein grelles, erbarmungsloses Licht.

– Das war's! – Herr Meier hörte die Stimme des blaugrauen Hausmeisters, doch die war nicht mehr mühselig, schnaufend, sondern forsch, aggressiv, angreifend. Wie ein Schwert hielt der Hausmeister und Museumswächter die Taschenlampe. Oder wie ein Feldwebel im Angriff den Degen. Er war nicht allein. Hinter ihm drängten sich in blaugrauen, aus dem gleichen Stoff wie des Hausmeisters Kittel geschnittenen Uniformen ein dutzend Soldaten mit langen Flinten. Sie trugen auch gewaltige graue Hüte mit breiten Krempen. Das war eine lachhafte Szenerie, doch Herrn Meier wollte es nicht gelingen, zu lachen.

– Das ist unmöglich! – schrie der Großkarierte: – Alles war geheim!

– Ha, grinste der der Hausmeister: – Ihr habt die Alte vergessen! Die hat alles gehört!

Richtig, das runde Frau-Holle-Gesicht der Kassiererin war hinter der Gardine verschwunden. Niemand hatte mehr an sie gedacht. Aber das Kassenhäuschen hatte ein Fenster zum Hof. Sie hatte die Verabredung des Künstlers und Dokumentaristen und Herrn Meiers mit angehört. Herr Meier sah das runde Gesicht und die Goldzähne vor sich und die glitzernden Steine der Silberringe. Sicher hatte sie ein Hörrohr benutzt, um so die geheimen Absprachen des Großkarierten besonders gut zu belauschen.

– Niemals! – hörte Herr Meier den Künstler und Dokumentaristen rufen. Sah ihn einen gewagten Schritt, einen Sprung fast nach vorne wagen, sei's zur Flucht, sei's zum Angriff. Das Karo seines dunkelgrünen Anzugs flog wie ein Netz durch den Raum, in dem sich seine Gegner verfangen sollten. Doch was auch immer der Sprung bedeuten mochte, im selbigen Augenblick fielen Schüsse. Herr Meier ließ sich, seine Position erlaubte es, in einem geschickten Salto rückwärts fallen, gelangte zu einem Fenster, durchsprang es, die Scheiben klirrten und er landete in einer doppelten Drehung auf dem Kiesboden, lief durch die Gärten, sah im Dunkeln Magnolien und Astern, sah Wassertropfen auf den Rosenblättern im Mondlicht glänzen, sprang über Bruchsteinmauern und Jägerzäune, hörte hinter sich Schreie und Schüsse, spürte einen Schlag an der Schulter und eine klebrige Flüssigkeit an der Seite, stolperte über den letzten Jägerzaun und blieb liegen, wo er war, die rechte Hand auf dem Herzen liegend. Herr Meier spürte den Zettel in der Hemdtasche und erinnerte sich, dass dies *eine Servicenummer sei, die man anrufen könne, falls etwas sei*. Dann erinnerte sich Herr Meier an nichts mehr.

Frau Meier fand Herrn Meier am nächsten Morgen unter dem Fenster ihres Hotelzimmers. Zusammen mit der Rezeptionistin trug sie ihn ins Zimmer und fand in der Hemdtasche die Servicenummer, die sie anrief.

Der Schaffner ließ den Zug zum Einsteigen in Hohenburg halten. So fuhren Herr Meier und Frau Meier wieder nach Hause.

Einige Jahre später, als Herr Meier und seine Frau auf dem Balkon ihres Hauses Erdbeerkuchen aßen, hörten sie aus dem entfernten Fenster eines in der weiteren Nachbarschaft gelegenen

Gebäudes das Klappern einer Schreibmaschine. Und Herr und Frau Meier erinnerten sich an ihren Ausflug nach Hohenburg und was für seltsame Erlebnisse sie dort gehabt hatten. – Ja, sagte Herr Meier, es war wirklich merkwürdig, ganz außergewöhnlich.

Der Schatten und eine Dose Bier

Dass die Leute endlich verschwinden sollten, dachte er, dann könnte er die Sache vielleicht erledigen, zu Ende bringen. Aber so, mit Zuschauern war das unmöglich. Er dachte das natürlich nicht nur, er war regelrecht verärgert. Was hatten die Leute auch zuzuschauen, wie er mit sich rang. Was heißt schon *mit sich.* Es war ja ein regelrechter Boxkampf den er da austrug, rund um einen Laternenpfahl. – *Natürlich,* flog ihm wieder ein Gedanke zu, gerad als er die Faust nach vorne schnellen ließ, hart am Pfahl vorbei: *dachten die Leute wohl,* er sei nicht ganz richtig im Kopf oder sturzbetrunken oder ein Schauspieler. Aber er wusste ja, dass das nicht so war. Er war in bester Form, und er hieß Alfred. Er kannte also seinen Namen. Das bewies zu Genüge, dass er nicht verrückt war. Trotz dieser ganzen Geschichte hatte er seinen Namen nicht vergessen.

Genau genommen war er JöRG, aber in dieser Zeit war er Alfred und er war sich ganz sicher, Alfred zu sein.

Vielleicht war es ein Fehler, sich zu ärgern. Diese Überlegung legte er in seinen nächsten kraftvollen Schwinger, der genauso fehlging wie alle anderen. Vielleicht wäre er gar nicht in diese komische Situation geraten, wenn er sich niemals geärgert hätte. Aber zeige mir einen Menschen, dem es gelingt, sich niemals zu ärgern. Am Ärger selbst konnte es also nicht liegen. Höchstens vielleicht am Ärger über die falschen Dinge. Er musste zur Seite springen, um seinem Gegner auszuweichen. Die Zuschauer, die Gaffer, wie er sie im Stillen nannte, wichen zurück. Einige klatschten, andere lachten.

Alfred –, ja das war sein Name, ganz unzweifelhaft, da war sich JöRG hundertprozentig sicher –, hatte ein unauffälliges Leben geführt, so etwas über vier Jahrzehnte lang. Vielleicht war es zu unauffällig gewesen und deshalb hatte er nun diesen Schlammassel. Die Unauffälligkeit schlug gewissermaßen zurück. Das war die Erklärung, und die gab ihm Auftrieb. Er tänzelte jetzt um den Laternenpfahl wie Muhammad Ali und ließ die Fäuste rechts und links aus der Deckung fliegen, für den Gegner kaum zu berechnen, kaum zu sehen. Der sprang fortwährend davon, hüpfte von rechts nach links und vor und zurück und von links nach rechts, kam selbst kaum mehr zum Schlag, wurde aber auch kein einziges Mal getroffen. – *Das ist ja zum Verzweifeln!* schimpfte Alfred in sich hinein, und ein wenig kamen ihm Zweifel, ob er nicht doch JöRG sei. Viel Zeit konnte er auf diese Zweifel nicht verschwenden. Er kam schon ins Schwitzen. Ein älterer Mann unter den Zuschauern rief *Ho, Ho, Ho* und fand das lustig. Die anderen stimmten ein und feuerten Alfred an und begannen rhythmisch zu klatschen.

Und Alfred verstand, warum er den Kampf nicht gewinnen konnte. Nicht weil er vielleicht doch JöRG sein könnte. Es war der Laternenpfahl zwischen ihnen. Viel zu vorsichtig musste er boxen, um den Pfahl aus hartem Eisen nicht zu treffen. Die Fäuste könnte er sich brechen. Das wusste auch der andere, dem der Pfahl ganz egal zu sein schien, der ihn aber wohl zu nutzen wusste, sich vor seinem Feind zu schützen. Der Laternenpfahl stand zwischen ihnen. Immerhin, auch der Andere hatte noch keinen Treffer gelandet. Und Alfred, immer in Bewegung, immer auf dem Sprung, konnte sich nicht vorstellen, wie das wäre, von so einem Gegner einen Schlag abzubekommen.

Beide brauchten nun eine Pause. Sie ließen die Fäuste sinken, schritten, schlichen beinahe, um den Pfahl herum, beäugten sich misstrauisch – sofern man, dachte Alfred, und dieser Gedanke belustigte ihn sogar, bei dem Anderen, der sein Feind geworden und irgendwie doch auch ein Teil von ihm geblieben war, von Augen und von Blick reden konnte. Diese Ruhe vor dem nächsten Angriff gab ihm Gelegenheit sich zu erinnern und zu bedenken, wie er in diesen Boxkampf am helllichten Tage und auf offener Straße hatte geraten können.

Mit Ärger hatte es angefangen. Das war ihm längst klar, und zwar mit einem unnötigen und, das musste er sich eingestehen, sehr seltsamen Ärger. Einen Trickfilm hatte er sich angesehen, zuhause in seiner kleinen Einraumwohnung, auf dem Sofa, um die Mittagszeit herum. Das war schon der erste Ärger gewesen: um die Mittagszeit bei herrlichstem Wetter auf dem Sofa zu sitzen und einen Trickfilm zu schauen, die Zeit zu vertun. Das ärgerte ihn über sich selbst, aber er konnte nichts dagegen machen, er musste es so hinnehmen. Und bei diesem lässlichen Ärger wäre es auch geblieben, wenn nicht die Trickfiguren so viel Unsinn getrieben hätten. Da war einer, der sah aus wie eine Ente und ging quakend durch einen lichten, sonnendurchfluteten Wald, als sich plötzlich sein Schatten aufrichtete und nicht mehr dahinlaufen wollte, wohin er selbst lief. Ja, der Schatten machte sich selbstständig, und das gefiel dem Enterich nicht. Er schnatterte lautstark auf seinen Schatten ein. Doch der zeigte ihm einen Vogel und spazierte davon. Der Enterich hinterher! Er hielt den Schatten fest, zerrte an ihm, versuchte ihn in Form zu bringen und auf den Boden zu drücken, aber der Schatten war stärker. Er riss sich los und dem Enterich die Mütze vom Kopf. Der regte sich nun noch mehr auf, wurde ganz rot im Gesicht und um den Schnabel herum, fluchte und stieß im wilden Stakkato sein Schnattern hervor, trommelte mit den Fäusten auf den Boden, während der Schatten in aller Ruhe frohgemut ein Liedchen pfiff und in seiner flachen Form gemächlich in die Tiefe des Waldes schlenderte, dorthin, wo die Sonne kein Durchkommen hatte. Da erschrak der Enterich, denn ihm wurde schlagartig klar, was das zu bedeuten hatte: Sein Schatten würde auf Nimmerwiedersehen verschwinden. Doch Enten sind starke, unbesiegbare Tiere. Mit einem gewaltigen Sprung warf sich der Enterich, dem sein Schatten davonlaufen wollte, auf den Flüchtigen, gab ihm ein paar Ohrfeigen, betäubte ihn damit kurz für ein paar Sekunden, legte ihn lahm, seinen Schatten, kratzte sich am Ohr und tat dann Ungeheuerliches. Er rollte den Schatten einfach zusammen. Wie einen Teppich rollte er ihn zusammen, grinste zufrieden und schritt mit seinem Schattenteppich unter dem Arm des Weges, ein fröhliches Liedchen auf den Lippen, auf der Spitze des Schnabels pfeifend, derweil das Bild sich verdunkelte, schwarz wurde, bis auf ein kleines Loch, in dem der lustige Kopf der Ente wie durch ein Bullauge noch zu sehen war, bis sich auch das zusammenzog und das Bild gänzlich verlosch.

Das war der Moment, an dem sich Alfred maßlos ärgerte. – *So etwas*, grunzte er in sich hinein und dachte nicht im Geringsten daran, dass es JöRG sein könnte, der in sich hinein grunzte: – Wie kann man nur! Die große Geschichte vom verlorenen Schatten! Einfach so ins Lächerliche zu ziehen. War es nicht ein Teufelspakt? Ja, es war ein Deal mit dem Teufel, seinen Schatten zu verkaufen. Und all die Schrecken und die Einsamkeit und die Ruhelosigkeit des Menschen, der sich darauf einließ und in Ewigkeit um die Erde irren musste und seinen Schatten nicht wiederfand und von allen gemieden wurde. So eine große, dramatische Erzählung. Das ganze Schicksal der Menschheit liegt darin und das Schicksal jedes Einzelnen, besonders der Einsamen. Und nun soll das so einfach sein, indem eine Ente ihren oder seinen Schatten zusammenrollt und unter den Arm klemmt, damit er nicht davonläuft. Welche Niedertracht, Schicksalhaftes so zu verulken.

Da half es auch nichts, sich vorzuhalten, dass der kleine Film schon sehr alt war, älter zumindest als Alfred selbst, von JöRG gar nicht zu reden, und dass sich seit dieser Zeit, einige Jahrzehnte immerhin, die Welt zwar verändert hatte, aber sicher nicht wegen dieser zehn Minuten Zeichentrick (und wenn, dann ließ sich der Zusammenhang wohl kaum nachweisen).

Seine vernünftigen Gedanken führten zu nichts, auch nicht, dass er sich eingestehen musste, der Film sei ja ganz lustig gewesen und ein echter Klassiker. Nein, Alfred ärgerte sich. Er musste sich unbedingt Luft verschaffen!

Er verließ sein Zimmer, seine Wohnung, sein Apartment, wie er es nannte, schloss die Tür hinter sich, stieg die Treppen hinunter, drei oder vier Stockwerke, und trat auf die sonnenbeschienene Straße. Die Helligkeit schlug ihm in die Augen, aber er gewöhnte sich schnell, ging erst ein paar unsichere Schritte, dann ganz normal wie alle anderen Fußgänger an diesem Tag auch, die Straße entlang. Es war ein warmer, wolkenloser Sommertag und Alfred betrachtete die Schatten der Leute um ihn herum, die Schatten der Leute und der Dinge. Etwas blass waren sie und nicht sehr groß, stellte er fest, aber das lag weder an den Schatten selbst noch an den Leuten, sondern an der Uhrzeit. So ging er eine Weile ziellos hin und her.

Es ist gar nicht gut, wenn man nichts Besonderes vorhat, dachte er sich und dass er eigentlich in sein Apartment zurückkehren könne, als er plötzlich und unerwartet bemerkte, wie sich sein eigener Schatten von seinen eigenen Füßen zu lösen schien. Alfred blieb stehen. Er betrachtete seine Schuhe. Die Schuhe hätten auch JöRG gehören können, doch darum ging es nicht. Zweifellos war da eine helle Lücke zwischen den Schuhspitzen und dem Schatten. Langsam, vorsichtig schob er den rechten Fuß vor. Die Lücke schloss sich, aber das bedeutete auch, dass sich der Schatten nicht bewegt hatte. – Ich sollte nicht so viele Filme schauen, dachte Alfred, und dann hob er den rechten Fuß langsam an. Wie ein Tai-Chi-Turner stand er da auf offener Straße. Eine Frau schaute sich im Vorübergehen nach ihm um. Der Schatten, das war nicht zu übersehen, bewegte sich jetzt, aber nicht so wie er sollte. Er bewegte sich in die Luft, beschrieb unter Alfreds Fuß einen Bogen, und dann regte sich nicht nur der Schattenfuß, sondern der ganze Schatten: sein, Alfreds Schatten, obwohl er selbst, er, Alfred, doch völlig regungslos dastand. Er ließ seinen angehobenen Fuß wieder zu Boden sinken, regelrecht zu Boden plumpsen und starrte fassungslos auf seinen Schatten, der sich aufrichtete und, als wäre nichts dabei, schließlich aufrecht vor ihm stand. Aber nicht wie der Entenschatten im Trickfilm, der immerhin noch flach gewesen war, sondern rund regelrecht, dreidimensional wie ein echter Mensch in einem engen, hautanliegenden Anzug. Vielleicht war es ja ein Clown, der ihm einen Streich spielen wollte, dachte Alfred einen Moment, aber er sah gleich, dass sein Gegenüber keinen Schatten warf und er selbst, er hatte auch keinen weiteren Schatten mehr. Es war also sein Schatten, der sich da aufgerichtet und einfach so vor ihn hingestellt hatte und ihm die Sicht auf die Straße nahm. Alfred hob die Hand. Der Schatten tat es ihm nach. Alfred trat einen Schritt vor. Der Schatten blieb stehen. Sie stießen gegeneinander. Alfred spürte den Widerstand. Der Trickfilm hatte gelogen. So einen Schatten, der sich selbstständig macht, kann man nicht wie einen Teppich zusammenrollen. Der verselbständigte Schatten ist nicht flach. Alfred versuchte unbekümmert weiter zu gehen und an JöRG zu denken. Der Schatten ging neben ihm her. Alfred versuchte den Schatten von sich weg zu drücken. Der Schatten drückte zurück. Er war alles andere als schwach.

Nun hätte Alfred den Schatten auf einen Kaffee oder meinetwegen ein Bier einladen können, um zu sehen, wie das wohl aussieht, wenn ein Schatten etwas trinkt, und um sich in lockerer Atmosphäre mit seinem Schatten zu arrangieren, denn irgendwie musste es ja weitergehen in dieser ungewöhnlichen Situation. Ich für meinen Teil hätte das wahrscheinlich so gemacht. Aber die Erinnerung an den Trickfilm trieb den Ärger wieder her. Und ganz von diesem Ärger ergriffen, schlug Alfred seinem Schatten auf die Schulter und versuchte ihn zu Boden zu ringen, dahin wohin er gehörte, wie Alfred meinte. Das ließ der Schatten nicht mit sich machen. Er riss sich los, sprang sogar einen Rückwärtssalto, der einen Radfahrer auf der Straße *Wow* rufen ließ, und flüchtete sich hinter eine Laterne, die Laterne.

Da erwachte der Kämpfer endgültig in Alfred, und das spricht dafür, dass er doch JöRG war, und er beschloss, seinen Schatten nieder zu boxen. So begann der Kampf um die Laterne herum. Ja, und die Leute blieben stehen, denn sie hielten das für eine neue Art der Straßenkunst in diesem Sommer, interessanter jedenfalls als die silbernen und die goldenen Figuren, bei denen die Pantomimen stundenlang reglos dastanden. Das musste ihnen doch selber langweilig werden. Hier nun vollführten zwei einen Boxkampf auf der Straße, von denen einer, und dieser Trick war wirklich bewundernswert, so aussah, als sei er der Schatten des anderen. Faszinierend, das musste eine ganz neue Art flirrender Stoff sein, der da verwendet wurde.

Doch für Alfred war das alles kein Spaß und keine Straßenkunst. Natürlich merkte er, wie die Leute stehen blieben, ihn umringten, klatschten und alles für eine Show oder für die Dummheiten eines Trunkenen hielten. – Wie soll ich, dachte er, meinen Schatten besiegen, wenn diese Leute meinen, ich mache das hier zum Vergnügen, ich kämpfe gar nicht ernsthaft? Und wieder kam der Ärger hoch und steigerte sich, denn Alfred ärgerte sich nun über alles, über alte Trickfilme, über die Leute, über die Schatten, die nicht taten, was sie sollten, über JöRG und darüber, dass es ihm einfach nicht gelingen wollte, seinem Gegner den entscheidenden Schlag zu versetzen.

Der Kampf dauerte schon eine ganze Weile, und Ärger und Ermüdung führen zu Unaufmerksamkeit, und so kam es, wie es kommen musste, der nächste gezielte Schlag traf den Laternenpfahl. Alfred sah Sternchen, wollte zu Boden gehen, aber er hielt sich auf den Beinen, schrie nicht einmal auf, erstarrte nur und starrte auf seinen Schatten. Der nämlich war Schmerzen nicht gewohnt, und er spürte, was Alfred spürte – er war ja immer noch sein Schatten – und was er spürte, das durchfuhr ihn und stieß ihn ab. Nein, so etwas wollte er nicht erleben! Und so, bei diesem ersten Schmerz, knickte der Schatten ein, sank zu Boden, fiel auf die Straße, lag auf dem Gehweg, gerade so, wie ihn die Sonne haben wollte. Alfred rieb sich die Hand.

Die Menge applaudierte. So etwas hatte sie noch nicht gesehen. Ein Pantomime, der K.O. geschlagen wird und sich wie ein Schatten auf den Bürgersteig legt. Unglaublich! Das ist nicht nur Pantomime, das ist auch ein Zaubertrick. Alfred, wie gesagt, rieb sich die Hand und krümmte sich vor Schmerz. Die Leute hielten es für eine Verbeugung.

Auf dem Gehsteig stand ein Pappkästchen. Alfred hatte es nicht dahingestellt, doch als sich die Menge verlaufen hatte, fand er es voller Geldstücke und kleiner Scheine. Alfred nahm das Kästchen auf. Er dachte: – Na gut, warum nicht.

Es war gar nicht so wenig. Alfred war nicht der Reichste, und mit dem Schatten musste er nicht teilen. Die Sache hatte sich am Ende also irgendwie gelohnt. Und noch im selbigen Moment hatte er beschlossen, dass er sich in Zukunft nicht mehr so viel ärgern wolle, denn das lohne sich nicht, und über diese Paradoxie hätte er fast gelacht, wenn es nicht so komisch aussehen würde, auf offener Straße einsam zu lachen.

Jedenfalls wollte er sein Leben von nun an bewusster und sinnvoller gestalten. Das hatte er aus der Sache schon mal gelernt. Und er dachte, vielleicht könne er auch wieder JöRG sein. Er nahm sein Geld und kaufte an der Ecke eine Pizza und eine Dose Bier. Das sei immerhin ein Anfang, dachte er. Und damit ging JöRG nach Hause.

Die Leiter

Die Serviererin kletterte gerne die Leiter hinauf und hinab. Es war zwar nicht so, dass sie es ganz freiwillig tat, denn die Bar war sehr hoch und sehr gut ausgestattet und das Beste stand ganz oben. Deshalb musste die Serviererin auf die Leiter klettern, wenn ein Gast etwas von oben bestellte. Das ließ sich nicht anders machen.

Genau genommen war es ein komischer Einfall des Chefs, die teuren Whiskyflaschen so hoch zu hängen und den Cognac in solcher Höhe aufzustellen, dass die Serviererin bei jeder Bestellung die Leiter besteigen musste. Je ausgewählter die Getränke und je höher ihre Gradzahl und je entsprechender die Preise, desto höher musste die Serviererin klettern. Lichte Höhe bis zu 5 Meter. Das war schon was.

Der Chef hatte sich wohl gedacht, dass die Gäste es schön und interessant fänden, wenn die Serviererin für ihre Bestellung auf die Leiter stieg, und sie deshalb besonders gerne Whisky und Cognac und ausgefallene Dinge bestellen würden. Und genauso war es auch – zumindest in gewisser Weise.

Es war aber nicht so, dass die Gäste, die Whisky bestellten, sich mit der Serviererin einen Scherz erlaubten. Im Gegenteil: Die Serviererin stand, obwohl sie noch sehr jung war, gerade mal 20, bei allen Gästen, die an der Bar saßen und immer wieder kamen, um an der Bar zu sitzen und Whisky und Cognac zu bestellen, in sehr hohem Ansehen. Daran änderte auch nichts, dass die Serviererin, wie es der Chef wollte, einen kurzen Serviererinnenrock trug, und zwar auch dann, wenn sie auf die Leiter kletterte. Wie sollte es auch anders sein. Sie konnte sich ja nicht jedes Mal umziehen, wenn sie auf die Leiter stieg. Allerdings, das kann nicht unerwähnt bleiben, sah man den Rock nicht, wenn sie hinter der Theke stand und bediente, sondern nur, wenn sie die Leiter brauchte. Die Autorität der Serviererin bei den Gästen, bei den Stammgästen und auch bei den Laufgästen, war aber so hoch, als würde sie nie ihretwegen auf eine Leiter klettern. Das hatte sicher viele Gründe, die auch bei anderen Menschen zu finden wären, doch es macht keinen Spaß über das Allgemeinmenschliche länger nachzudenken als unbedingt nötig, wenn es um die Geheimnisse einer Serviererin geht, die übrigens sehr hübsch zu nennen war, eine zum Stuppsigen neigende Nase hatte, pfiffige Mundwinkel und sehr lebendige Augen.

Die Serviererin konnte die Leiter auch verschieben, denn die Bar war einige Meter lang, und die guten Dinge in den oberen Reihen waren adrett aufgereiht. Und noch etwas ist wichtig: Die Bar wurde nicht nur wegen der Serviererin aufgesucht, sondern auch, weil die Gäste die beeindruckende Wand mit der unglaublichen Kollektion der ungewöhnlichsten und raffiniertesten Getränke bewunderten, auch wenn sie meist doch nur Whisky oder Cognac bestellten und alles andere höchstens einmal im Leben.

Das Verschieben der Leiter war immer eine Inszenierung. Meist machte die Serviererin dazu einen Scherz, und ihre Augen leuchteten. Wer wollte sich das entgehen lassen! Aber das war nicht ihr Geheimnis. Das Geheimnis war etwas, das kein Gast jemals zu Gesicht bekam. Wenn sie ganz oben auf der Leiter stand, wohin sie zumindest für Stammgäste immer stieg, auch wenn es nicht unbedingt notwendig war, sah sie Dinge auf den Regalen stehen, die von unten nicht zu sehen waren. Sie hatte diese Dinge selbst dort aufgestellt.

Den Anfang machte eine abgegriffene Micky Maus aus Plastik. Die war bestimmt 50 Jahre alt, sah aber noch lustig aus. Ein Dinosaurier aus Fimo stand daneben. Es kamen Matchbox-Autos: ein Rennwagen, ein alter Ford, ein Cadillac, Baujahr 1964. Es gab aber noch viel mehr. Ritterfiguren standen dicht bei dicht mit Schwertern und Pferden oder ohne Pferde. Die waren sorgfältig bunt bemalt, von einem echten Zinnfigurenbemaler. Das war ein wirklicher Künstler gewesen. Die Serviererin hatte viel Geld für diese Figuren ausgegeben, denn die Ritter waren es wert. Und die Serviererin wusste, was Menschen mögen und hatte Burgfräulein in allen Farben und Größen dazwischen platziert. Es folgten einige Fotos von Marylin Monroe bis …, was sich nicht mit Bestimmtheit sagen lässt, denn am Ende der Reihe tauschte die Serviererin die Fotos immer wieder aus, um aktuell zu bleiben. Sie tat das mindestens halbjährig, denn auch das war ihr wichtig, dass immer wieder etwas ausgetauscht werden muss.

Es lässt sich leicht vorstellen, dass noch viele andere Figuren auf den Regalen oberhalb von Whisky und Cognac stehen, die von unten nicht zu sehen sind. Es ist eine großartige Sammlung, eine geniale Sammlung, und niemand hat sie je erblickt, und der Chef weiß nichts davon.

Der Chef ist nur froh, dass seine Bar so gut läuft, und er denkt, auch wenn er es nie offen sagt, das hinge mit dem Rock und der Leiter zusammen. Der Chef ist in diesem Punkt im Irrtum, was der Serviererin aber egal sein kann, denn er erhöht ihr jeden Monat das Gehalt, damit sie nur ja nicht kündigt. Und er tut recht daran, denn es ist das Geheimnis der Serviererin, das Geheimnis, das niemand kennt (also ein echtes Geheimnis), das der Bar den Erfolg beschert.

Die Sache ist ganz einfach. Die Serviererin schaut dem Gast tief und voller Vertrauen in die Augen, wenn er bestellt, was er möchte. Dann steigt sie auf die Leiter, meist höher als notwendig, denn sie muss zu ihren Figuren kommen. Die Serviererin ist eine Zauberin. Anders kann es gar nicht sein. Wenn sie dem Gast in die Augen schaut, weiß sie genau, wer dieser Gast ist. Der Gast kann übrigens auch eine Frau sein. Das funktioniert bei der Serviererin genauso. Dann steigt sie auf die Leiter und schaut die Figur an, die der Gast (ein Mann oder eine Frau), gerade braucht. Und sie lässt diesen Anblick einfach ins Whisky- oder Cognac- oder Cocktailglas fallen: so wie einen Eiswürfel. Es macht tatsächlich Plitsch, jedes Mal, wenn sie einen Blick ins Glas fallen lässt, denn die Serviererin hat einen sehr intensiven Blick. Sie ist eben, wie schon gesagt, eine Zauberin, und nur Zauberinnen haben solche Blicke.

Habe ich schon erzählt, dass alle Gäste, die Stammgäste natürlich, aber auch die Laufgäste, heimlich in die Serviererin verliebt waren? Und die Frauen alle ein bisschen eifersüchtig? Wahrscheinlich muss man das gar nicht erwähnen.

Die Serviererin kletterte mit dem Glas in einer Hand elegant die Leiter herab und reichte es dem Gast. Zu den Gästen gehörten immer auch Frauen, die auch gerne kamen und immer wieder kommen. Ich sagte es schon.

Der Rest dürfte klar sein. Der Gast trinkt seinen Traum. Jeder Schluck ist, was er (oder auch sie) wirklich ist. Solch ein Erlebnis gibt es in keiner anderen Bar. Und ich habe nirgendwo auf der Welt glücklichere Menschen gesehen als hier.

Diese Bar hat es wirklich gegeben. Diese Bar gibt es noch. Ich kann von ihr erzählen, als hätte ich sie einst, vor vielen Jahren erlebt, aber auch so, als säße ich darin. Es kommt auf das Gleiche hinaus, und genauso habe ich es auch erzählt. Aber ich kann nicht sagen, wo diese Bar zu finden ist, denn niemand kennt das Geheimnis der Serviererin außer ihr und mir. Und wenn ich verrate, wo diese Bar liegt, wenn ich auch noch die Adresse ausplaudere, was wird dann aus der Serviererin?

Die Bücher

Der Mann mit der Mütze saß in einem Café auf Skeppsholmen. Es muss also in Stockholm gewesen sein. Oder gibt es noch eine andere Stadt mit einer Insel, die Skeppsholmen heißt? Irgendwo auf der Welt? Ich weiß es nicht. Ich weiß nur, dass der Mann einen wallenden grauen Bart hatte und auf dem Kopf eine Strickmütze trug, die sehr maritim wirkte. Einen Wollpullover trug er natürlich auch. Er trank einen schwedischen Kaffee, und keiner, der ihn sah, konnte daran zweifeln, dass dieser Mann viel gesehen und viel erlebt hatte und, wie man so sagt, auf allen sieben Weltmeeren getauft war. So begegnete ich ihm, als ich auch einen schwedischen Kaffee auf Skeppsholmen trinken wollte.

Es war übrigens recht winterlich. Eisschollen trieben unter einem grauen Himmel über das dunkelgraue Wasser, schoben sich voreinander her, zerbrachen sich gegenseitig, versuchten sich in kleinen Rennen, die eine die andere hinter sich lassend, und ihr Schnarren, Schaben und Knirschen klang sanft bis zum Café herauf. Ich setzte mich mit meiner Kaffeetasse an eins der kleinen Tischchen. Der Mann mit der Mütze und ich, wir waren die einzigen Gäste.

Nun wäre es nicht weiter berichtenswert, in Gegenwart eines alten Seebären – denn dazu hatte ich ihn mir innerlich schon erklärt – eine Tasse Kaffee zu trinken. Doch dieser Seebär mit der Strickmütze auf dem Kopf und dem beeindruckenden wallenden Bart hatte einen Schreibblock auf dem Tischchen neben seiner Kaffeetasse liegen und schrieb darauf mit einem eleganten Schreibgerät. Das war ein Füllfederhalter oder ein Bleistift in einer schicken Halterung oder auch ein Kugelschreiber. Es fällt mir schwer, mich genau zu erinnern. Ich habe so etwas schon lang nicht mehr in der Hand gehabt. Das Schreibgerät war kastanienfarben und am Ende von einer bronzenen Kappe eingefasst, auf der eine langschwänzige Nixe saß, auch aus Bronze. So ein Schreibblock, dachte ich gleich, der ist schon der Erwähnung wert. Erst recht natürlich, wenn ein Seemann darauf schreibt.

Ich staunte noch, da geschah noch Wundersameres. Den Koffer neben dem Tischen mit dem Mann mit der Stickmütze, dem alten Seebären, hatte ich bisher gar nicht wahrgenommen – ein aufrecht stehender Rollkoffer, eigentlich gar nichts Besonderes, aber der Mann zog diesen Koffer zu sich heran, öffnete ihn, und was ich sah, war einfach erstaunlich: eine Bibliothek. Im Innern des Koffers waren übereinander Bücher gestapelt, und auf den Stapeln standen weitere Bücher nebeneinander wie in einem Bücherschrank. Ich erhaschte die Namen Faulkner, Dostojewski und Cooper und dann noch gerade Nietzsche und Kant, bevor der Mann mit dem wallenden Bart, dieser geheimnisvolle alte Seemann – ganz sicher war er einst Kapitän – den Koffer wieder schloss. Ein Buch hatte er seiner Bibliothek entnommen und auf den Tisch vor seinen Schreibblock gelegt, ich konnte aber nicht erkennen, was es war.

Gerade hatte ich mich entschlossen, ihn zu fragen, da kam, ohne die Tür zu öffnen, ein Holo ins Café. Natürlich, ohne die Tür zu öffnen. Holos brauchen sich um solche Sachen ja nicht zu kümmern. Ein ziemlich schäbiger Holo war das, so eine Mischung aus billiger Westernfigur und, naja, anders kann ich es nicht bezeichnen, abgerissenem Penner. Spielt wahrscheinlich eine Nebenrolle in einem Horror-B-Movie, dachte ich mir, aber auch, dass der Holo recht gut gemacht war. Auf den ersten Blick kaum von einem Menschen zu unterscheiden. Nur an dem feinen silbrigen Lichtschein, der ihn kaum spürbar umgab – im Sommer bei hellem Tageslicht wäre der gar nicht zu sehen gewesen –, und den immer noch leicht abgeflachten Formen, ließ sich eindeutig erkennen, dass es ein Holo war.

Der Holo nahm sich einen Stuhl und einen Tisch und hatte, kaum, dass er saß, auch eine Holokaffeetasse vor sich. Der macht uns nach, dachte ich und beäugte ihn misstrauisch.

Das blieb dem Mann mit der Strickmütze und seinem wallenden Bart, oder sollte ich jetzt besser sagen: das blieb dem Mann mit dem Koffer nicht verborgen. Sein Bartgesicht verzog sich zu einem freundlichen Grinsen. Er schaute mich heiter an: – Stört der dich? Musst keine Angst haben, die sehen nur schlimm aus, sind aber ganz harmlos. Die entwischen immer mal wieder aus Gröna Lund, laufen dann einfach übers Wasser und belagern hier das Café. Hat schon Beschwerden an die Stadt gegeben deswegen, aber da hieß es, Gröna Lund sei privat, da könne die Stadt nichts machen, da müsse man sich direkt an die Holobetreiber wenden.

Er lachte vergnügt in seinen Bart: – So'n Quatsch. Weißt Du, wie viele Holobuden es gibt? Wo soll man da anfangen? Gröna Lund ist doch inzwischen voll von Holos, die alles Mögliche darstellen, und es gibt immer mehr von den hochbegabten, die selbst denken, selbst entscheiden und dann halt auch mal die Nase voll davon haben, den ganzen Tag den Clown zu spielen für Leute mit Zuckerwatte in der Hand und für Kinder, die sich regelmäßig erschrecken und anfangen zu weinen – zumindest bei solchen wie unserem da …

Der Holo am Nachbartisch hatte das sehr wohl mitbekommen und sah gar nicht zufrieden aus. Ich meinte zu sehen, wie er die Rechte zur Faust ballte. Übrigens hatte ich schon mal was von diesen neuen Holos gehört, war aber noch nie welchen begegnet. Die Schweden sind schon immer technisch weiter gewesen als der Rest der Welt.

– Ich habe sogar die Kirche angeschrieben, ob sie es gut fänden, wenn ständig Leute übers Wasser laufen, sprach der Mann mit dem Koffer: – Ist natürlich nur so ein Klischee, und die Kirche nimmt das heute nicht mehr ernst. So haben sie dann auch geantwortet: Sind doch nur Hologramme. Solange sie die Schifffahrt nicht behindern. Eine Sorge der Kirche sei das nicht.

Ich merkte, dass der Holo jetzt endgültig etwas sagen wollte. Er richtete sich drohend auf. Aber noch bevor er den Mund aufmachen konnte, rief ihn der alte Kapitän mit der Strickmütze und dem wallenden Bart gebieterisch an: – Hi Kumpel, willst Du mal was Interessantes sehen? – Und er öffnete wieder seinen Koffer, seine Bibliothek.

Der Holo kam sofort interessiert näher und schaute in den Koffer. Er versuchte sogar in ihn hinein zu klettern – insofern man bei einem Holo von Klettern sprechen kann – und war tatsächlich nach einiger Zeit ganz im Koffer, legte sein Licht über die Bücher – so richtig zu erkennen war er dann natürlich nicht mehr. Da zog der Seebär mit der Strickmütze den Koffer wieder zu.

– So, den sind wir los, der ist gleich weg. Was soll ein Holo allein in der Dunkelheit ohne Publikum, der verblasst schnell. – Er kicherte sein weises Seebärenkichern: – Da drüben – er meinte Gröna Lund – werden sie sich schön ärgern, aber was lassen sie ihre neugierigen Holos auch so unbeaufsichtigt herumlaufen. Selber schuld. Übrigens, hatte ich noch gar nicht erzählt, im Sommer kam mal die Agnetha von ABBA vorbei und hat gesungen. Die Gäste waren begeistert. Seitdem hat unser Wirt auch keine Beschwerden mehr geschrieben. Dachte wohl, das mit den entlaufenen Holos könne sogar gut sein fürs Geschäft!

Und ohne noch ein weiteres Wort zu sagen, begann er wieder zu schreiben. Ich unterbrach ihn: – Ach, dann bist du wohl des Öfteren hier? – Er schaute nicht auf, knurrte nur leicht unwirsch: – Natürlich, jeden Tag. Irgendeinen Heimathafen muss der Mensch haben.

Ich wollte wissen, was er eigentlich schreibe, wenn das kein Geheimnis sei. Da grinste er mich wieder mit seinem Seebärengrinsen an. Nein, das sei kein Geheimnis. Er schreibe Strickanleitungen, Strickanleitungen für Mützen, solche wie er eine auf dem Kopf trage.

Ich muss gestehen, ich war verblüfft. Verblüfft und auch enttäuscht. Und das merkte er sofort. – Na, was hast Du denn gedacht, lachte er fröhlich: – Gedichte, Romane? Das Leben eines alten Kapitäns, der alle sieben Weltmeere bereist hat und mit allen Wassern getauft ist? Nö, das ist alles Quatsch. Das braucht kein Mensch. Aber eine Strickmütze, die braucht jeder irgendwann. Und deshalb, junger Mann, schreibe ich Strickanleitungen!

– Aber der Koffer, warf ich ein.

– Ja, den gibt's wohl auch, murmelte er, schon wieder ganz versunken in sein Schriftstück und sichtbar nicht mehr ansprechbar.

Ich schaute ihm noch eine Weile zu, dann stand ich auf, zog meinen Mantel an und verließ das Café. Er bemerkte mein Gehen gar nicht.

Letztlich hat mich die Enttäuschung fortgetrieben, dass so einer nichts anderes als Strickanleitungen schrieb. Und das tut mir heute noch leid, denn so habe ich nicht erfahren, welches Buch er aus dem Koffer gezogen und vor sich auf den Tisch gelegt hatte.

Die Pferde

Sie hatte einen kleinen Laden in der Carl Larsson Gatan in Falun. Dort verkaufte sie verschiedene Dinge, vor allem Dalarna-Pferde, kleine, leicht abgerundete, etwas klobige Holzpferde in zahlreichen Größen, alle bunt lackiert: rot, blau, grün, meistens rot.

Heute war Freitag, aber sie machte den Laden nicht auf. Der Himmel war blau, der Schnee glänzte soweit die Augen blicken konnten. Sie trug einen sportlichen Skianzug, eine blau-grüne Funktionsjacke darüber. Sie hatte einen blonden Pferdeschwanz, der dynamisch ihren Bewegungen folgte. Sie war schon am Seeufer und klippste sehr lange Schlittschuhe unter ihre Stiefel. Es waren bereits Schnellläufer auf dem Eis. Die breiten Eisbahnen waren hunderte Kilometer auf dem See geräumt: ein großes Wegenetz, vorbei an Inseln, zwischen Inseln hindurch, den fernen Wäldern am weit entlegenen Seeufer entgegen, dessen graugrüner Saum mit leichtem Weiß überzogen war.

Sie war eine junge Frau mit einem kleinen Laden. Sie trug einen Pferdeschwanz, Sonnenschneebrille und fuhr auf sehr langen Schlittschuhen. Auch ein Smartphone hatte sie in der Tasche und am Smartphone Kopfhörer, deren Knöpfe sie in die kleinen Ohren steckte, das Stirnband darüber. Und an den Kopfhörern hing ein Mikro. Sie bediente also ein Headset. Sie war so eine junge Frau, wie sie anderswo joggen, hier aber auf langen Schlittschuhen fahren.

Sie war in Wirklichkeit noch mehr. Sie war eine Abenteurerin, und heute, das wusste sie, würde sie das Abenteuer ihres Lebens bestehen.

So fuhr sie los. Eine Gruppe Rennläufer schoss an ihr vorbei und war schnell verschwunden. Das beirrte sie nicht weiter. Sie fuhr zügig, aber nicht schnell, immer in sanften, harmonischen

Pendelbewegungen. Nur so werden Abenteuer erfolgreich gemeistert. Wer zu schnell ist und zu hektisch, verliert. Das ist mal klar.

Sie kam an einer Reihe roter und gelber Bojen vorbei, die aus dem Eis ragten, zur Hälfte mit Schnee bedeckt. Eine Mutter mit Kinderwagen kam ihr entgegen. Diese Mutter fuhr recht geschwind, und der Kinderwagen war blau und groß – wohl für Zwillinge. Sie musste ihm ausweichen. Die langgezogenen Schleifgeräusche der Schlittschuhe auf dem Eis gingen dabei über in ein gedehntes Knirschen. Und schon kam ein Pärchen, das sich von zwei großen Hunden ziehen ließ. Die brauchten fast die ganze Bahn. Sie duckte sich, ging leicht in Hocke, presste die Beine zusammen und schoss auf dem schmalen, verbliebenen Streifen zum aufgeschütteten Schnee am Rand der Fahrbahn an den Hunden und dem Pärchen vorbei.

Die Bahn war wieder frei. Vor ihr zog sich das dunkelblaue Eisband hin, fast gerade zum Horizont. Der Himmel war blau und sonnendurchflutet. Sie fuhr gleichmäßig im ruhigen Pendeln und schaltete ihr Headset ein.

Erst vernahm sie nur ein Rauschen, dann klarte sich das Rauschen auf. Sie hörte sirrende Motorengeräusche und lächelte beruhigt. Dann hörte sie Stimmen und schließlich eine Stimme, und sie meldete sich, nicht leise, aber auch nicht sehr laut. Hören sollte es wohl niemand, aber wer sollte es auch schon hören, hier draußen allein auf dem Eis. Man kann nie wissen. – Hier X57L, flüsterte sie, und dann begann sie zu reden, ruhig, konstant, weder langsam noch hektisch, so wie sie fuhr, und sie sagte in ihr Headset: 69YU, 8Zi3, Xm7o, 555K9, Xj8Ly .... So sprach sie, so murmelte sie in ihr Headset und fuhr in gleichmäßigen Pendelbewegungen voran. Ab und an sagte sie auch Ja oder Nein oder Korrigiere, das aber nicht sehr oft.

Ein großer Eiskehr- und -glättungswagen kam auf sie zu. Der Schwarze in knallgelber Warnweste, der auf dem urtümlichen Gefährt saß und es souverän steuerte, winkte ihr freundlich zu.

Sie winkte zurück und wäre fast mit einer vollautomatischen Eiskontrollkugel kollidiert, die über der Fahrbahn schwebte. Die Kugel blinkte aus roten Lämpchen und klingelte hell, ob vergnügt oder erbost, ließ sich nicht entscheiden. Sie blickte der Kugel hinterher, ohne aufzuhören zu fahren, und der Pferdeschwanz flog um ihren Nacken.

Der Himmel begann sich leicht orange einzufärben. Sie dachte, dass sie wohl gegen die offizielle Fahrtrichtung fuhr, aber dass das nicht so schlimm sei, und begann wieder Ziffern und Buchstaben zu murmeln. Das erforderte jetzt alle Aufmerksamkeit.

Der Weg führte zwischen zwei Inseln hindurch, die so dicht beieinanderlagen, dass sich die Wipfel der Kiefern berührten. Ein Boot schaute halb versunken aus dem Eis und ließ kaum eine Durchfahrt. Sie stellte sich halb quer, glitt elegant durch die Engstelle hindurch, ohne ihr Murmeln auch nur eine Sekunde zu unterbrechen. Dann aber musste sie doch kurz aufhören und rief Stopp ins Headset, denn aus dem Wald der rechts liegenden Insel sprang ein Monster auf den Weg, ein Monster in der Form eines hellblauen Plastikpinguins, den Kinder vor sich herschieben, wenn sie Schlittschuhlaufen lernen. Der Pinguin klappte die Flügel auf und beschoss sie mit Lichtblitzen aus versteckten Maschinenpistolen. Sie sprang einen Salto über die Kugeln hinweg und zog im Flug einen Laserpointer, mit dem sie den Pinguin beschoss und traf. Das Monster flog auseinander, aber ein ganzer Schwall blauer Kugeln flog ihr entgegen. Auch die übersprang sie, und es machte ihr sichtbar Freude, dabei C8r7, Ys77t, 5CxbL in ihr Headset zu sprechen.

Die Wälder auf den Inseln wurden dichter. Die Fahrbahn wurde zum Hohlweg. Sie hörte in der Ferne Wölfe heulen. Die Wölfe kamen näher. Jetzt tauchte der erste am Waldessaum zur Linken auf. Der Schnee stob um seine schnellen Läufe. Da war auch schon der nächste rechts von ihr, und dann die ganze Meute, die sie verfolgte. Die Wölfe fielen sie an, von links und von rechts, wollten ihr sogar in den Nacken springen. Jetzt musste sie schneller laufen und wieder ihre Zahlen- und Buchstabenreihen unterbrechen. Was tat sie? Sie spitzte die Ellenbogen und schlug den Wölfen zur Rechten und zur Linken die Ellenbogen unter die Mäuler. Sie teilte heftig aus in rasender Fahrt, und die Wölfe heulten und überschlugen sich und flogen durch den Schnee und blieben zurück.

Sie setzte ihre Fahrt entspannt fort. Sie murmelte weiter: K8pL, X79L8, 56gGh, Xy0L .... Da tat sich urplötzlich eine Wand vor ihr auf, die das Ende der Durchfahrt zwischen den Inseln abschloss, in deren tiefem Wald es fast stockfinster war. Sie konnte nicht mehr bremsen und raste auf die Wand zu. Sie hielt den Atem an, richtete die Augen starr auf einen Punkt, erreichte die Wand – und schoss hindurch. Die Wand verschwand so unerwartet, wie sie gekommen war, löste sich auf in Licht und Nebel, der sich im Weltall verlor.

Während der Fahrt durch den Wald, zwischen den Inseln hindurch hatten sich der Abend und schließlich die Nacht über den See gesenkt, und als die Schlittschuhläuferin im Schneepflug in einer großen Drehung ihre Fahrt beendete, sah sie über sich den gestirnten Himmel mit Abermillionen hell blinkenden Sternen, und sie sprach ihren letzten Code ins Headset: XXL. Sie lächelte. Das war natürlich ein Scherz gewesen. Und dann sagte sie:

– Super Leute, das war's. Hat astrein geklappt. Tolle Teamarbeit. Vielen Dank. Na dann erstmal schönes Wochenende. Wir seh'n uns auf der Erde.

Sie schaltete ihr Headset ab und fuhr gemächlich über den dunklen See zurück. Morgen würde sie den Laden wieder aufmachen. Da würden ohnehin mehr Touristen kommen. Und heute, das war genau das Abenteuer, das sie sich erträumt hatte.

Was für ein Abenteuer? Es ist doch kein Abenteuer, wenn eine junge Frau mit einem Pferdeschwanz ein paar Stunden über einen zugefrorenen See fährt, und sei der See auch noch so schön. Natürlich war das nicht das Abenteuer. Das Abenteuer lag in den Zahlen und Buchstaben. Damit hatte sie einen extra angemieteten Raumkreuzer hinter den Saturn gelenkt und eine ganze Schiffsladung voller roter, blauer und grüner, meistens roter Dalarna-Pferde hinter den Planeten zu einem der dort verborgenen Monde dirigiert.

Was damals erst Wenige wussten, sie aber von einem Freund im Verteidigungsministerium erfahren hatte, war, dass hinter dem Saturn auf eben diesen Monden Schlachtschiffe gelandet waren, mit Wesen darin, die finstere Absichten hegten. Im Verteidigungsministerium liefen die Drähte heiß, hatte der Freund berichtet. Sie aber war ganz ruhig geblieben. Sie war Unternehmerin. Sie machte ihre eigenen Pläne. Und vielleicht, dachte sie, könnten diese Pläne auch der Menschheit von Nutzen sein.

In geheimer Mission hatte sie mit ihren Leuten Dalarna-Pferde verladen und an diesem stillen Tage auf dem Eis hinter den Saturn bringen lassen. Was auch immer die da für Waffen haben, hatte sie überlegt: Sie kommen vielleicht durch unsere Holzpferde nicht durch. Wir bauen einen Schutzschild aus Dalarna-Pferden, dichter als die Ringe des Saturns. Und wer weiß, wenn die Anderen das dann merken, dass unsere Pferde unüberwindlich sind, kaufen sie mir die Pferde ab und bringen sie als neuste Technik oder auch, was besser wäre, als schönen Schmuck in ihre Galaxie. Vielleicht kommen sie dann nicht wieder, weil sie ja die Pferde haben, sogar ehrlich bezahlt. Das wäre ein Segen für die Menschheit und ein gutes Geschäft für mich und mein Team.

Der Coup gelang wie geplant. Davon durften wir heute Zeuge sein. Keine Frage: Es war ein großes Abenteuer.

Der Weißwein und die Nachrichten

JöRG hatte inzwischen schon so viel von virtueller Realität gelesen, gehört und gesehen, dass er wusste, wie das geht.

Er suchte eine abgelegene Bar auf. So ungefähr um Mitternacht. Das hatte keine praktische Funktion, das war der Symbolik wegen.

Er setzte sich an ein Fenster, das sehr groß war und von dem man auf die Straße sehen konnte. Es gab da eine Ampel und schicke Autos, die vor der Ampel ab und an hielten. Nicht so viele. Es war ja schon Mitternacht.

Also, da saß er, hatte ein Bier geordert und vor sich stehen. Warum sage ich das eigentlich? Naja, einfach um der Genauigkeit willen. JöRG saß an einem Holztisch. Er hatte sich so platziert, nicht um auf die Autos auf der Straße, sondern auf den Bildschirm zu schauen, der an der Wand gegenüber alles Mögliche ohne Ton zeigte. Der Ton war enervierende Musik, die vor sich hin plärrte. Sie kam aus einem Lautsprecher, der höher hing als der Bildschirm.

JöRG erfreute sich am Bier und an der schlechten Musik, denn diese Atmosphäre war es, die er suchte.

Er wartete geduldig. Und dann erschien sie: die Nachrichtensprecherin. Auf dem Bildschirm. Sie war perfekt: brünette Haare, eleganter blauer Blaser, ebenmäßige Nase und aufmerksame Augen.

Da der Bildschirm keinen Ton hatte, sondern die Musik, irgend so ein Popp, über ihr lag, ließ sich nicht hören, was die Nachrichtensprecherin sagte. Und das war genau die Voraussetzung, die JöRG brauchte, denn er wollte nur die schönen Lippen sehen, wie sie sich bewegten. Und er wollte nicht von Worten abgelenkt werden, die immer nur Schlechtes zum Inhalt haben.

JöRG schaute auf die so schöne, tonlos sprechende Frau über ihm an der Wand gegenüber – so ungefähr zehn Jahre jünger als er selbst. Sehr passend.

Er wusste, wie das geht und spielte mit den Fingern. Dann schloss er kurz die Augen, öffnete sie wieder, hielt die rund geöffnete Hand mit den Fingerspitzen voran auf den Bildschirm gerichtet. Es war das erste Mal, aber es klappte sehr gut. Er hatte halt genau aufgepasst und sich gemerkt, wie die virtuelle Realität funktioniert, und konnte es ohne vorher geübt zu haben.

Er sog die Schöne, auch apart zu nennende Frau aus dem Bildschirm. Der Bildschirm verfinsterte sich darauf, wurde erst blau wie der Blaser, um dann zu verglimmen. Die Haare der Schönen: In einem langen Schweif schwebten sie zwischen dem Bildschirm und dem Biertisch. Es war faszinierend anzuschauen. JöRG ließ die Schöne einen Bogen durch die Musik erfüllte Bar beschreiben, dann setzte er sie vor sich an den Tisch.

Jetzt war der Bildschirm gänzlich schwarz und gänzlich davon. Die Gäste beachteten es nicht. Sie waren mit sich selbst beschäftigt. Die Schöne war etwas verdattert, nestelte verlegen an ihrer blauen Jacke, denn JöRG nahm, was ihm etwas peinlich war, gleich die runden Brüste in Augenschein, die auf dem Bildschirm kaum zu erkennen gewesen waren. Und er dachte: Gute Wahl, wurde über diesen Gedanken ein wenig rot und räusperte sich. Und sie, die Virtuelle, jetzt ganz Reale, hatte das natürlich gemerkt. Sie wollte noch die Nachrichten zu Ende lesen, worin sie jäh unterbrochen worden war. So war sie nun doppelt irritiert, obwohl Männer, die auf bestimmte Dinge aufmerksam werden, ja eigentlich nicht weiter irritierend sind. Mitten in einer Nachrichtensendung an einen Biertisch um Mitternacht zu geraten und die Nachrichten nicht zu Ende bringen zu können, das kann einen Menschen allerdings konfus machen. Da hat dieser Unbekannte sie doch tatsächlich mit den Fingern aus der einen in die andere Wirklichkeit gesaugt. Sie kannte dieser Art Erfahrung noch nicht. Für sie war das neu.

– Schön, dass sie da sind, schmeichelte JöRG: Weißwein? – JöRG wusste, dass schöne Frauen lieber Weißwein trinken als Bier.

– Weißwein, sagte sie. Und JöRG wusste, dass er gewonnen hatte.

Das Bügeleisen

Im dritten Stock, vielleicht auch im vierten oder gar im fünften, wahrscheinlich aber im dritten – möglicherweise zwischen dem vierten und dem fünften Stock, auf keinen Fall aber über dem sechsten, weil kein mittelalterlicher Burgturm höher als sechs Stockwerke sein sollte. Dort oben sitzen die Kinder im Klassenraum und schauen in den Burghof, in dem Vöglein auf der Mauer des Burgbrunnens singen: spielerisch in den Rosenranken. Die Umgebung: der Klassenraum mit Beamer und Lehrer aus der Universität und Linoleumfußboden aus einem der elterlichen Betriebe. Aber der Blick aus dem Fenster fällt in einen Burghof. Die Mädchen und die Helden sitzen in einem lichten bis dämmrigen Turmzimmer, und in der Ecke steht der böse Bube mit dem heißen Bügeleisen. Er brennt die Wände an. In der Ecke erreicht er zwei Wände und mit seinem längeren Arm sogar das Dach über dem Kopf und den Boden unter den Füßen. Deshalb war es keine so gute Idee, ihn mit einem Bügeleisen in die Ecke zu stellen.

Der dicke Universitätslehrer spricht darüber, was der Mensch ist.

Plötzlich wird es laut. Alle fragen sich, wer kommt. Und alle laufen zu den Fenstern und schauen hinaus in den Burghof. Der Papst kommt. Warum auch nicht. Der Papst kommt zu Pferde, weil er in einen Burghof einreitet. Er zuckt mit den Achseln. Das ist kein nervöser Tick. Der Lehrer hat vergessen, den Empfang so vorzubereiten, wie es sich gehört, wenn der Papst kommt, und das ist dem Papst nicht unbemerkt geblieben. Der Universitätslehrer hat gedacht, es sei ja nur der Papst, aber so hätte er nicht denken sollen.

Die Kinder sind viel begeisterter als ihr Lehrer und rennen, laufen, stürzen förmlich zum Burgtor, um zu sehen, wie der Papst einreitet.

Der Himmel ist blau, die Luft frühlingswarm und es kommt der Papst mit großem Gefolge auf einem prächtigen Schimmel aus dem fernen Rom geritten, von dort, wo der Fluss von den goldenen Bergen fließt, von dort kommt der Papst. Das Pferd unter seiner Würde schnieft und schnauft. Das bemerken jedoch nur wenige. Zur Rechten und zur Linken schreiten Messdiener in weißen Gewändern. Sie halten lange weiße Kerzen mit beiden Händen fest vor dem Bauch. Dahinter kommen die Bischöfe auf feurigen Hengsten und nicht zu vergessen die vielen Soldaten mit leuchtenden Hellebarden, ein gewaltiger Zug aus gelb und rot.

Der Lehrer schließt ordnungsgemäß die Tür zum Klassenzimmer, denn alle Kinder sind davon gerannt und wollen den Papst sehen.

Doch als sie endlich im Burghof stehen und sehen, da sehen sie nicht mehr den Papst. Jetzt ist es die Oma, die mit einem Handkarren in den Burghof kommt. Der Papst und sein Gefolge sind verschwunden. Er war nur aus dem Klassenzimmer zu sehen. Von unten, vom Burghof aus, erweist sich der Papst als die Oma.

Die Oma ist eine gütige Frau und gerne zu Scherzen und zu Spielen aufgelegt. Ihr fällt immer etwas ein, auch wenn die Kinder enttäuscht sind, weil sie den Papst sehen wollten und nicht die Oma. – Wer hat Angst vorm Bügeleisen? – ruft die Oma mit voller Stimme. – Niemand! – rufen die Kinder im Chor. Sie kennen das Spiel.

– Und wenn es kommt? Und wenn es brennt?

– Dann laufen wir!

Und jetzt kommt der Papst doch noch. Viel Volk hat sich versammelt und füllt den Hof. Die Kinder finden Platz auf einem Mauervorsprung, den ihnen die Oma freigehalten hat.

Langsam reitet der Papst auf sie zu und fragt: – Lernt ihr nicht bei eurem Lehrer, was der Mensch ist? – Seine Stimme klingt wie die eines Weihnachtsmannes. Dann reitet er weiter. – Passen Sie auf, dass die Kinder nicht in den Brunnen fallen, ruft der den

Erwachsenen zu. Und die Kinder sind stolz, denn etwas gefragt hat der Papst nur sie. Warum hat er nicht andere angesprochen? Liegt es daran, dass den eigenen Heiligenschein nur die anderen sehen können? Den eigenen Heilgenschein zu sehen, ist so unmöglich, wie den eigenen Hinterkopf mit eigenen Augen zu erblicken. Drehst du dich nach deinem Heiligenschein um, ist er weg. Und fotografieren oder im Spiegel sehen lässt sich der Heiligenschein auch nicht. Nicht das Foto oder das Spiegelbild sind schließlich heilig.

Das sind die Gedanken, die den Kindern durch den Kopf gehen. Oder bilde ich mir das ein? Können Kinder schon solche Gedanken haben?

Die Kinder wollen zurück und dem Lehrer alles erzählen, doch sie verirren sich in den langen, dunklen Gängen des alten Gemäuers. Wasser tropft von den Wänden, unheimlich flattern Fledermäuse, tanzen mit Dracula Hochzeit. An jeder Ecke locken hexenhafte Mütterchen mit Schnweewittchenäpfeln. Das hat der böse Bube mit dem Bügeleisen getan. Der hat sie da hingesetzt.

Während die Kinder einsam in den Burgmauern umherirren, lässt der Papst den bösen Buben verhaften und vorführen und das Bügeleisen beschlagnahmen. Er schaltet es eigenhändig aus, denn es ist schon unerträglich heiß. Heiß genug, denn der böse Bube, als er schon auf der Richtstätte liegt, zum Tode verurteilt, lässt das Henkersbeil schmelzen. Es verbiegt sich an seinem Nacken und fließt flüssig davon. So heiß ist der Nacken des bösen Buben geworden, nachdem er über eine Stunde mit dem Bügeleisen in der Ecke gestanden hatte.

Der Papst winkt ab. Er sagt Adieu, wir müssen weiter. Er sagt: – Wir finden einen anderen Weg. Bis dahin verkaufen wir Bademode und für besondere Gelegenheiten Lendenschurze.

Die Kinder finden einen Ausgang. Mit einmal wird es hell. Sie sehen den Papst verschwinden und eilen hinterher. Das ist eine tolle Jagd durch eine großartige Landschaft. Doch nach einiger

Zeit kommen die Pferde nur noch langsam weiter. Immer wieder verlegen Baumstämme den Weg, und die Bischöfe werden vom Blumenpflücken in der sagenhaften Blumenpracht des Dschungels aufgehalten. Die Schweizer Garde versinkt fast im Morast. Doch der Papst immer vorneweg und die Kinder hinterdrein. Auch der mit dem Bügeleisen ist wieder dabei. Er soll sich jetzt einleben, und vielleicht hilft ein Marsch durch den Wald. Die Hitze müssen alle ertragen.

Jetzt regeln die Kinder das unter sich. Ein Kind tritt vor den bösen Buben und sein Bügeleisen. Es hat keine Angst. – Hör doch, bittet es freundlich, – auf mit diesem kindischen Spiel. Wir fassen uns jetzt alle an der Hand, dann schaltet sich das Bügeleisen von alleine aus und du hast Ruhe! –

Der Papst schaut aufmerksam zu. Das Bügeleisen fällt zu Boden und verraucht. Die Kinder singen ein schönes Lied.

Als die Kinder wieder zurück in die Klasse kommen, sind sie voll von oben bis unten mit Matsch. Der mit dem Bügeleisen ist gar nicht mehr von den anderen zu unterscheiden, und das Bügeleisen selbst ist auch weg. Niemand weiß, wem es gehörte, und der oder die, der oder die es nun vermisst, muss sich ein neues Bügeleisen kaufen. Es gibt Kinder, die Schuhe und Strümpfe verloren haben. Aber das macht nichts, denkt der Lehrer: – Dafür hat es sich in jedem Fall gelohnt.

Der Feldwebel

Der Feldwebel nahm sein Frühstücksbrettchen von zuhause mit. Jetzt sitzt er im Zug, sein Frühstücksbrettchen betrachtend. Die leere ebene Fläche – wie ein Hochplateau, das in kalter Luft jäh in senkrechte Abgründe fällt. Darüber weht ein eisiger Wind.

Woran denkt der Feldwebel beim Blick aus dem Fenster aus dem Zug? Er denkt ans Frühstück und an Kaninchenbraten. Als Kind hat er Kaninchen gehabt und geschlachtet: ungern geschlachtet und gerne gegessen. Draußen huscht ein Dorf vorbei.

Der Feldwebel trägt einen olivgrünen Parker. Sein Gesicht ist schön. Er sagt nichts, hält das Frühstücksbrettchen auf den Knien, blickt über die Ebene. Der Feldwebel kennt seine Truppe.

Das Frühstücksbrettchen, so zierlich auf den grauen Knien, kommt aus den tropischen Wäldern. Da leben bis heute Indianer wie wilde Kaninchen. Der Feldwebel kennt die Weltprobleme. Er spürt einen Stoß. Der Zug fuhr eben über eine Weiche. Der Feldwebel stützt sein Kinn in die Faust.

Gleichmäßig wird der Fahrtwind unter den Zug gesogen, strömt um die Räder unter dem Feldwebel. Unter dem Abteil da drehen sich also, denkt er, die Hausecken freier Häuser auf freiem Feld, um deren Ecken ungestüm der Wind bläst. Dieses Denken ist etwas durcheinander, aber nicht falsch, denn das Rauschen des Fahrtwinds macht den Zug. Die Räder und die Schienen sind nur nebenbei. Wenn hunderte von Tonnen von Gewicht über Eisen gleiten, huschen, lösen sie nur dumpf die Bewegung aus, dumpfe Bewegungsauslöser, ein sanftes, zwar unregelmäßiges, aber beständiges Stoßen, Zittern, Hopsen im Wagon, in jedem Abteil. Der Feldwebel wurde es gewahr, als er einmal eine Postkarte schreiben wollte. Es gelang ihm nicht. Der Zug fuhr zu unruhig. Seitdem hat er nie wieder versucht, eine Postkarte zu schreiben, auch nicht außerhalb des Zuges.

Und nun: Für den Feldwebel ist der Fahrtwind das Eigentliche geworden, auch wenn es immer wieder schwere Stöße gibt. Dann ist sicher eine Schiene schief oder der Zug fährt über eine Weiche wie soeben und der Ruck läuft durch den Zug, durch alle Wagons und Abteile und schubst die Reisenden an.

Dem Feldwebel rutscht das Frühstücksbrettchen von den Knien. Es fällt zu Boden. Könnte es schreien, hätte es hölzern Autsch! gerufen, wie es so zu Boden fiel und sogleich aus dem Abteil rutschte über die Schwelle in den Gang.

Draußen ist eine Sehenswürdigkeit zu sehen, doch die ist leider schnell vorbei. Der Feldwebel schlägt die grauen Flanellbeine übereinander, lehnt sich an die Abteilwandscheibe, schaut seinem Frühstücksbrettchen hinterher und verliert sich in Erinnerungen.

Noch etwas zur Kleidung: Der Feldwebel trägt unter dem olivgrünen Parker den dunkelblauen Pulli der Luftwaffe und an den Füßen schwarze Lackschuhe.

Die Uniform der Kontrolleure im Zug ist nicht ganz dunkelblau. – Wer weiß, wann der Tag kommt, denkt der Feldwebel, an dem alle Männer über sechzig Jeanshosen tragen müssen.

Aber wenn draußen bunt lackierte Autos schneller als der Zug am Zug verbeiflitzen, um ihn um den Fahrtwind zu betrügen, beachtet sie der Feldwebel nicht. Er sieht nicht mal den Kontrolleur vor sich, sondern überlegt nur, ob es sich gut machen würde, jetzt die Zeitung zu lesen, ruhig die von einem anderen Fahrgast liegen gebliebene. Er könnte dann sagen: – Ich habe im Zug während der Fahrt die Zeitung gelesen.

Der hagere Kontrolleur sieht das Frühstücksbrettchen vor seinen Füßen liegen. Er kommt gar nicht dazu, die Fahrkarten zu kontrollieren. Stattdessen hebt er das Frühstücksbrettchen auf. – So ein schönes Frühstücksbrettchen, bemerkt er zum Feldwebel gewandt, und dreht es hin und her, um es von allen Seiten anzuschauen. – Aus Teakholz sogar ! – und reicht es dem Feldwebel. Der legt es schweigend wacklig auf das übergeschlagene Knie.

– Wissen Sie, spricht der Kontrolleur lächelnd, die Augen nach Innen verdreht: – Jeden Morgen beim Frühstück fühle ich mich klein wie ein Embryo. Ich klammere mich an mein Frühstücksbrett in der Angst zum Frühstücksei zu werden. In meiner Jugend, wissen Sie, machte ich wochenlange Wanderungen. Einmal, auf einem Hochplateau, stürzte ich ab. Der Abgrund war nicht zu sehen gewesen. Ich konnte mich am Rand gerade noch halten. Unter mir das Meer, vor mir der Fels. Ich musste den Rucksack opfern. Er zerschmetterte am Felsen, bevor ihn die Brandung verschlang. Ich zog mich wieder auf die Ebene und lebe noch. – Er deutet auf das flache Brettchen. – Aber am Frühstücksbrett fühle ich mich auch geborgen. Im Laufe des Tages werde ich von Stunde zu Stunde selbstbewusster, erwachsener und stärker. Das ist wohl der Lauf der Welt und darin kann ich mich einrichten. Geht es Ihnen auch so?

Der Feldwebel schaut den Kontrolleur leicht verständnislos an. Ein Schaffner, der philosophiert. Aber warum auch nicht. Außerdem ist der Zug ganz altertümlich. So einen Zug gibt es heute gar nicht mehr. Dass man das ausnutzen müsse, denkt der Feldwebel. Er zeigt schweigend seine Fahrkarte vor und wartet bis der Schaffner gegangen ist.

Der Feldwebel steht auf. Er fährt in einem Abteil in einem Zug, dessen Fenster sich öffnen lassen. Unterhalb der Bahntrasse fließt ein großer Fluss. – Das ist eine gute Gelegenheit, denkt der Feldwebel. Er schiebt den oberen Fensterteil nach unten. Der Wind braust durchs geöffnete Fenster ins Abteil. Die liegengebliebene Zeitung im Gepäcknetz flattert aufgeregt. Der Feldwebel nimmt das Frühstücksbrettchen fest in die rechte Hand. Er wirft es mit einem großen Schwung über den runden roten Verbotsaufkleber hinweg in den Fluss. So wird das Frühstücksbrettchen zum Floß ohne Passagiere und schwimmt auf dem Fluss zum Meer. Der Feldwebel schließt das Fenster und setzt sich wieder. Bald darauf hält der Zug.

Der Feldwebel hat ein wunderschönes glattrasiertes Gesicht, das sich in einem ebenmäßigen goldgelben Schnäuzer veredelt. – Gute Weiterreise, sagt er kaum hörbar im langsamen Aufstehen, und das ist das erste Wort, das er an die fünf im Abteil richtet, die ihn die lange Fahrt lang aufmerksam gemustert und studiert haben. Mit diesen Worten steigt der Feldwebel aus, und die Mitreisenden haben ihn bald vergessen. Nicht so der Schaffner. Der denkt noch lange an den Feldwebel und vor allem an das Frühstücksbrettchen. Wenn er wüsste, dass es zum Meer schwimmt, dann würde er ganz sicher selbst zum Meer fahren und es suchen. Aber manchmal sind die Dinge nicht so wie sie sind.

Der Vulkanbeobachter

Die Geschichte nimmt in der Eifel ihren Ausgang. Die Eifel ist ein hochgelegenes Mittelgebirge voller Vulkane. Der höchste Vulkan heißt Hohe Acht. Es gibt auch schöne Seen in den Vulkankegeln. Sie heißen Maare, so als wären es Meere, und sie haben ein tiefes klares Wasser. An den Rändern ist nicht viel los, aber Ruhe gibt es jede Menge. Von den Vulkanen sagt man, sie seien erloschen. Aber das stimmt nicht. Vulkane erlöschen nicht. Sie brodeln in großen Tiefen auch unter den schönen Maaren weiter. Das ist an den Sprudelquellen zu sehen, die in einigen Städten und Dörfern einfach so aus dem Boden schießen. Sie heißen Sauerbrunnen, und es gab Zeiten, da dachten viele Leute, wer von ihrem Wasser trinke, bleibe auf ewig jung. Das hat leider nicht gestimmt, aber Touristen finden diese Sprudelwasser heute immer noch interessant.

An einem hellen Montagmorgen im Mai eines der vergangenen Jahre stieg ein junger Mann mit Nickelbrille den bewaldeten Hang eines solchen Vulkankraters hinauf, überwand die Kuppe, stieg wieder hinab bis an den Rand des spiegelglatten, sonnenhell beschienenen Maares. Er trug einen zusammengelegten Hocker unter dem Arm. Den faltete er auseinander und setze sich auf die abgeschabte Lederhaut, die als Sitzfläche diente. Er setzte sich darauf und schaute über das Maar. Nur gelegentlich nahm er die Brille ab, um sie zu putzen. Einige Male zog er aus seiner Ledertasche – er hatte auch eine Ledertasche dabei – ein binokulares Fernglas. Das richtete er auf den See und suchte die jenseitigen Ufer ab. Er tat dies konzentriert, bevor er das Fernglas wieder in die Tasche zurückgleiten ließ. In der Tasche befanden sich auch eine Thermoskanne mit heißem Tee, eine Butterbrotdose mit einem Käse- und einem Schinkenbrot, eine Banane und ein Apfel sowie eine halbe Tafel Schokolade. Das alles war für seine Mittagspause gedacht. Für die Mittagspause hatte er auch eine grüne Decke dabei, die gerollt über die Ledertasche gebunden war.

Als die Mittagspause erreicht war – der Mann erkannte sie am Stand der Sonne – rollte er die Decke aus, klappte den Hocker zusammen und legte ihn ins Gras, holte aus der Tasche die Thermoskanne, die Butterbrotdose, die Banane, den Apfel und die halbe Tafel Schokolade und einen großen Pappuntersatz. Den Pappuntersatz legte er auf die grüne Decke und alle anderen Dinge aus der Ledertasche – bis auf das Fernglas – legte er auf den Pappuntersatz. Sich selbst legte er halb sitzend, halb liegend daneben. Er machte es sich gemütlich, schenkte sich einen Tee ein in den Schraubdeckelbecher der Thermoskanne und begann sein Schinkenbrot zu essen. Dabei dachte er über sein Leben nach, unterbrochen von gelegentlichen Schlucken aus dem Teebecher.

Der Mann war ein Vulkanbeobachter, vielleicht der einzige seiner Art. Seine Stadt hatte ihn eingestellt, um mit dem wahren menschlichen Auge zu beobachten, was sich unter dem Maar so tut, welche Veränderungen an seinen Rändern eintreten. Einen Millimeter wächst die Erde in der Eifel jedes Jahr unter dem Druck des Magmas in der Tiefe. Der Vulkanbeobachter hatte die Aufgabe zu sehen, ob es mehr würde. Das wäre bedenklich. Aber auch andere Veränderungen sollte er registrieren: ob etwa das Gras am Rande des Vulkansees einen rötlichen Schimmer annehme, ob die Steine am Ufer scharfkantiger würden, ob das Wasser an der Oberfläche auffällig zu kräuseln beginne, kurz alles, was ihm seltsam vorkomme, solle er beobachten, aufzeichnen und dann weitergeben. Dafür hatte der Vulkanbeobachter noch etwas mit, nicht in seiner Ledertasche freilich. Es steckte in der linken Innentasche seiner beigen Jagdjacke (obwohl er gar nicht jagte): ein kleines in Leder eingeschlagenes Büchlein mit einem dunkelgrünen Bleistift mit mittelweicher Mine. Damit notierte er alles, was auffällig war.

Aber an diesem Tag, an dem die Sonne schien und der See, das Maar, spiegelglatt war, war nichts auffällig und nichts zu notieren. Das Notizbuch und der Bleistift blieben in der Jacke. So lag der Vulkanbeobachter satt – es fehlte nur die Schokolade, aber die wollte er sich für später aufsparen – auf seiner grünen Decke und genoss sein Dasein, als er plötzlich doch etwas hörte. Neben ihm raschelte es. Ein kleines Tier mochte es sein, ein hüpfender Vogel oder ein Kaninchen oder auch nur eine Maus. Der Vulkanbeobachter wurde trotzdem aufmerksam, denn Aufmerksamsein war schließlich sein Beruf. Es kam noch etwas dazu. Das Tier oder was immer es sein mochte, schnaufte leicht und zwar ein Schnaufen, das der Vulkanbeobachter noch nie vernommen hatte.

So richtete er sich halb auf und schaute angestrengt ins Gras. Zuerst sah er nur ein paar lange Grashalme flattern, dann tauchte ein Kopf daraus hervor. Der Kopf saß auf einem langen Hals, drehte sich nach rechts und nach links, kleine Augen schauten flink umher, dann schoss der Kopf hervor und schnappte sich von der grünen Decke eine dicke Brotkrume. Sehr zufrieden kaute das Tier.

Der Vulkanbeobachter staunte nicht schlecht. Vor ihm saß ein Brontosaurus und fraß und schluckte ein Stückchen Brot von seiner Picknickdecke. Der Vulkanbeobachter täuschte sich nicht. Wie alle Erwachsenen hatte er als Junge Dinosaurier geliebt und wusste natürlich genau, wie ein Brontosaurus aussieht, nur dass dieser hier bedeutend kleiner war als seine Verwandten, was immerhin beweist, dass es den Brontosaurus wirklich gegeben hat, nur vielleicht nicht ganz so groß, wie er immer dargestellt wird. Das waren Gedanken, die dem Vulkanbeobachter durch den Kopf gingen, als er den kleinen Saurier betrachtete, wie er sein Brot fraß.

Derweil bemerkte der Saurier, dass er beobachtet wurde, und beobachtet werden mögen Saurier nicht. Schnell zog er seinen Kopf ein, verschwand wieder im Gras und huschte davon. Der Vulkanbeobachter sah, wie das Gras erneut zu flattern begann, dort, wo der Brontosaurus entlanglief, dem Ufer des Maares zu. Und er nicht allein. Der Vulkanbeobachter sah viele Grasspitzen in hektischer Bewegung, und sie bildeten eine Spur bis zum Wasser. Der Vulkanbeobachter schlich ihnen hinterher. Am Rande des Sees mussten die Tiere die Deckung verlassen. Und richtig. Da kamen sie aus dem Gras hervor, rannten über die Steine. Es war ein gutes Dutzend, die da stürmten und eilten. Die langen Schwänze schlugen aufgeregt in der Luft herum. Aber es dauerte nur ein paar Sekunden, dann hatten sie das Wasser erreicht und stürzten sich allesamt hinein. Ein Moment des Schreckens war das für den Vulkanbeobachter. Doch nichts Schlimmes passierte. Ganz im Gegenteil. Regelrecht elegant glitt das Rudel ins Wasser, bewegte sich gradlinig über die Oberfläche, und dann, wie auf Kommando, verschwanden sie allesamt in die Tiefe des Sees. Ein, zwei Schwanzspitzen winkten zum Abschied, schon waren sie verschwunden. Noch ein paar kleine Wellen, und der See war spiegelglatt wie zuvor. Der Vulkanbeobachter schaute nachdenklich über das Maar. Offensichtlich konnten diese verbliebenen Sauropoden, die er soeben entdeckt hatte, schwimmen.

Der Vulkanbeobachter ging zurück, nahm noch einen Schluck Tee aus der Thermoskanne, packte die Butterbrotdose und die Thermoskanne wieder in die Ledertasche und die Bananenschale in eine kleine Mülltüte und verstaute sie auch in der Tasche und knickte den Pappuntersetzer und schob ihn dazu und schloss die Tasche. Er rollte die Decke zusammen und legte sie daneben. Dann klappte er den Hocker auf und setzte sich darauf.

Diese Beobachtung, so viel war klar, würde er erstmal für sich behalten müssen, wollte er seine Stellung als Vulkanbeobachter behalten. Denn würde er seine Entdeckung öffentlich mitteilen, würde man ihn wahrscheinlich für nicht ganz richtig im Kopf halten. Das viele ungesunde Sitzen, wenn auch in frischer Luft, und das angestrengte Schauen habe ihn wahrscheinlich etwas verwirrt. Das würde als sehr bedauerlich eingestuft werden, man würde ihm für seine Dienste danken und seinen unermüdlichen Einsatz, aber den Job wäre er trotzdem los. Andererseits, so dachte der Vulkanbeobachter, sei es mehr als schade, wenn so eine sensationelle Sache ohne weitere Untersuchung bliebe.

Da kam dem Vulkanbeobachter ein großer Gedanke. Er wusste, er konnte noch mehr herausfinden, als nur die bloße Tatsache, dass der Brontosaurus in etwas veränderter Gestalt bis auf den heutigen Tag überlebt hat.

Der Vulkanbeobachter beobachtete weiter das Maar und seine Ränder, wie es in seinem Arbeitsvertrag stand, bis es Abend und zu dunkel wurde. Bei den letzten Strahlen der Sonne klappte er seinen Hocker zusammen, schnallte die grüne Decke über die Ledertasche, schulterte die Ledertasche und klemmte den Hocker unter den Arm und machte sich auf und stieg vom Vulkankegel herab in seine kleine Stadt.

Am nächsten Morgen reichte er Urlaub für die nächste Woche ein, der ihm ohne weiteres genehmigt wurde. Ganz so ernst schien man die Vulkanbeobachtung in der Stadt wohl doch nicht zu nehmen. Es wurde nicht mal nach einer Urlaubsvertretung gefragt.

Der Vulkanbeobachter buchte einen Flug und nahm den nächsten und landete im schottischen Edinburgh. Von dort fuhr er mit einem roten Bus zu dem bekannten Loch Ness. Auf einer Anhöhe auf einer grünen Wiese saß auf einem Hocker vor einem zur Schlafstätte umgebauten Bauwagen ein Kollege des Vulkanbeobachters. Er hatte einen langen grauen Bart und die britische Flagge wehte an einem hohen Fahnenmast über ihm. Der Vulkanbeobachter und der Loch Ness Beobachter kannten sich flüchtig, begrüßten sich aber herzlich wie alte Freunde.

Der Vulkanbeobachter kam gleich zur Sache. Er habe vielleicht das Rätsel um das Monster von Loch Ness gelöst, das natürlich gar kein Monster sei, sondern in Wahrheit freundlich und nur ein bisschen scheu.

– So, meinte der Loch Ness Beobachter und schien gar nicht begeistert.

– Was wäre, wenn ich es finden würde? – fragte der Vulkanbeobachter.

– Dann hätte ich nichts mehr zu suchen – so der Freund vom Loch Ness: – Hier zu sitzen und zu warten, ob unsere Nessi einmal auftaucht, ist mein Leben.

– Gut, das werde ich berücksichtigen, versicherte der Vulkanbeobachter: – Leihst du mir dennoch dein U-Boot?

Das sei keine Frage, versicherte der bärtige Freund, der tatsächlich ein kleines U-Boot besaß, mit dem er manchmal, aber in der letzten Zeit immer weniger, durch die Tiefen des Sees fuhr.

Der Vulkanbeobachter konnte ein kleines gelbes U-Boot steuern, und noch am Nachmittag tauchte er ab, und schon bei dieser ersten Ausfahrt hatte er Erfolg. Nach einer Stunde tauchte ein winziges schwimmendes Wesen mit langem Hals und langem Schwanz im Lichtkegel des Unterwasserscheinwerfers auf. Er hatte das Monster gefunden, das nur deshalb niemand entdeckt hatte, weil alle immer nach etwas viel Größerem suchen. Und er sah noch mehr. Zu dem schwimmenden, tauchenden Brontosaurus gesellten sich ein zweiter und ein dritter. Immer mehr kamen zusammen, bis sie schließlich vor den Augen des Vulkanbeobachters einen gewaltigen Schwarm bildeten, der aussah, wie ein richtiger ausgewachsener Dinosaurier aus dem Kinderbuch, nur eben unter Wasser und schwimmend. Der Vulkanbeobachter machte viele Fotos. Dann fuhr er dicht an den Schwarm heran, um zu sehen, wie die Tiere sich untereinander verständigten. Doch da stoben sie auseinander und jeder Brontosaurus schwamm für sich alleine weiter. Der Vulkanbeobachter machte kehrt, tauchte auf, fuhr entspannt zur Anlegestelle zurück, vertäute das U-Boot am Ufer und suchte seinen Freund auf. Der wartete mit zwei kühlen Flaschen Guinness auf ihn. Der Vulkanbeobachter erzählte alles.

– Hab' ich's doch gewusst, brummte der Loch Ness Beobachter, und mehr sagte er nicht dazu.

Der Vulkanbeobachter flog wieder in die Heimat und trat seinen Dienst wieder an. An einem Mittwochmorgen vor Dienstbeginn, als nicht viel los war und niemand ihn beobachten konnte, druckte er die Fotos seiner U-Bootfahrt in einem Drogeriemarkt aus. Er steckte die Fotos in einen Umschlag, schrieb die Adresse seines Freundes am Loch Ness darauf, denn eine Adresse hatte der Bauwagen, und brachte den Umschlag sogleich zur Post, bevor er sich zu seinem Beobachtungsplatz am Maar des Vulkans aufmachte.

Von seinen Entdeckungen erzählte er nichts – um des Freundes willen, dessen Leben am Rande von Loch Ness er nicht stören wollte. Das hatte er ihm versprochen. Irgendwann einmal würde alles bekannt werden, aber das sollte nicht seine Sache sein. Und wenn, dann wäre immer noch Zeit, ihn für seine Entdeckung zu ehren. So dachte der Vulkanbeobachter.

Vielleicht, so dachte der Vulkanbeobachter auch noch, sehe ich meinen Brontosaurus vom Vulkan wieder. Vielleicht können wir uns anfreunden. Dann wären auch die Beobachtungen nicht mehr so einsam. Das wäre schön.

Die Küche und die Anderen

JöRG betrat an einem Samstagmorgen verschlafen die Küche. An nichts anderes als an seinen Morgenkaffee dachte er. Doch: vor ihm auf den Küchenfliesen sah er eine nicht unbeträchtlich große Pfütze. Wo mochte die hergekommen sein? Es gibt wenig, das mehr nervt, als unschöne Überraschungen am Morgen vor dem ersten Kaffee. Jetzt hätte JöRG Ruhe bewahren und erstmal die Kaffeemaschine anwerfen können. Aber diese Pfütze ließ ihm keine Ruhe. Er untersuchte alle Sprudelflaschen im Küchenregal. Ausgelaufen war keine. Schade, denn das wäre eine gute und schnell zu behebende Ursache gewesen. JöRG klappte den Unterschrank unter der Spüle auf. Er kroch förmlich in den Unterschrank, stieß mit dem Kopf an den ausfahrbaren Mülleimer, aber auch hier war nichts. Alle Wasserrohre waren trocken. Knochentrocken, wie man so sagt. Ein Leck wäre nicht schön gewesen, aber immerhin ein Schaden, der sich reparieren ließ. Das hätte JöRG sicher hingekriegt: ein neues Abflussknie anschrauben. JöRG war zwar kein Experte darin, aber das traute er sich zu.

Enttäuscht kroch JöRG aus dem Unterschrank und klappte die weiß lackierten Holztüren zu. Er stand auf, rieb sich die Augen. Die Pfütze war immer noch da. Jetzt erstmal einen Kaffee! Überhaupt, wie er so dastand, im Schlafanzug, verwirrt auf eine Pfütze in der Küche schauend. Wenn ihn so jemand sehen würde. Aber es sah ihn zum Glück niemand, und die Pfütze war nunmal da. Also, so dachte JöRG: – Die Strategie ist folgende: Kaffeemaschine anschalten, Pfütze aufwischen, Kaffee (wenn durchgelaufen) trinken, Waschen und Anziehen. JöRG war schon immer ein Mensch gewesen, der klar und pragmatisch dachte. So auch jetzt. Und nicht viel Zeit war vergangen und es war immer noch Samstagmorgen, da waren die Küche gewischt, der Kaffee getrunken, und JöRG war ordentlich rasiert und angezogen. Gefrühstückt hatte er auch.

Soweit war die Angelegenheit erledigt und wäre auch nicht weiter berichtenswert, denn JöRG machte sich kaum später auf den Weg: zu einem Ausflug, zu einem Besuch bei Verwandten oder Freunden oder Freundinnen, vielleicht einer Freundin, vielleicht auch zwei Freundinnen, denn JöRG blieb bis Sonntag außer Haus. Was JöRG am Wochenende unternahm, entzieht sich unserer Kenntnis, und wir werden uns nicht den Idealen des Überwachungsstaates anschließen und seinen Unternehmungen nachspüren. Für uns ist nur wichtig, dass JöRG am Sonntagabend zurückkehrte, sein Haus unberührt vorfand – alles so, wie es sein sollte –, seine Schuhe auszog und Schlappen anzog (die trug er im Haus, auch wenn ihm das manchmal, vor allem vor den Frauen, peinlich war) und dachte, es wäre nichts, außer dass morgen Montag sei. Aber er kam in die Küche, und natürlich war da was. JöRG starrte entgeistert auf die Pfütze. Ihm war, als zöge sein ganzes Leben an ihm vorbei. Er hielt sich am Küchenschrank hinter der Küchentür fest. Als er etwas klarer im Kopf wurde, bemerkte er, dass die Pfütze nicht rund wie am Samstag, sondern eher oval war. Aber was ist das für ein Quatsch, dachte er gleich: Wen interessiert schon die Form einer Pfütze? Wichtig ist, warum die Pfütze da ist, und Reinregnen tut's nicht, dachte JöRG. Es hat ja auch gar nicht geregnet.

Hier, an dieser Stelle, muss ich einfügen, dass JöRG ein wenig Wein getrunken hatte, woraus er selbst schloss, dass er eher ein wenig betrunken als nüchtern war. Das war wohl auch der Grund, warum JöRG, obwohl die Küche sich leicht und unkontrollierbar um ihn drehte, ohne groß zu überlegen, gleich zum Wischlappen griff, der noch (etwas unordentlich) neben dem Küchentisch lag, um die Pfütze kurzerhand zu entfernen.

Dann stieg JöRG, etwas schwankend und dankbar für das Geländer, das er vor Kurzem hatte anbringen lassen, in die über der Küche liegende Etage seines Hauses und fiel im Schlafzimmer, das sich in seinem Haus befand, aufs Bett und schlief, wie er war, ein und träumte tiefe bewegte Träume von Freundinnen und Pfützen.

Als er am Montagmorgen pünktlich erwachte, war JöRG einigermaßen nüchtern im Kopf. Seine Träume fand er lustig. Weniger lustig fand er, in Kleidung, im Mantel sogar, geschlafen zu haben, auf dem Bett zu liegen, sogar schräg auf dem Bett zu liegen. Aber da das niemand gesehen hatte, war es nicht so schlimm, wie es gewesen wäre, wenn es jemand gesehen hätte. Das ging JöRG so durch den Kopf.

Das Bad in dem Haus, in dem JöRG damals wohnte, lag neben dem Schlafzimmer. Deshalb konnte er die Überraschung und den Schrecken, die ihn erwarteten, nicht ahnen, als er sich rasierte und alles andere tat, bis er frisch, gepflegt und innerlich ganz aufgeräumt morgens um sieben, zu einer Zeit, da die Welt noch in Ordnung ist, gut gelaunt und voller Tatendrang zur Küche hinabstieg, um dann sehen zu müssen, dass die Pfütze wieder da war.

Die Pfütze war diesmal quadratisch. Das ist für Pfützen mehr als ungewöhnlich. JöRG hätte das wissen können, aber JöRG war leider auch ein Mensch unserer Zeit und sorgte sich mehr um sein Haus, als um die Zeichen, die ihm gegeben wurden.

Ruhe bewahren, dachte JöRG. Das Beste würde jetzt sein, einen Klempner anzurufen. Er kannte den Klempner. Der Klempner war stets zuverlässig. Heute Nachmittag könne er jedoch nicht kommen, sagte der Klempner am Telefon. Das war JöRG sogar ganz recht. Das Smartphone zitterte leicht in seiner Hand. Heute hatte JöRG so viele Termine, dass für einen Klempner, so dringend er auch sei, keine Zeit blieb. Aber Dienstagmorgen wäre in Ordnung. Der Klempner wollte um 8:00 kommen. Damit war JöRG einverstanden. Bis dahin würde das Haus schon nicht zusammenfallen, und vielleicht hatte sich die Sache bis dahin sogar erledigt. Das Wichtigste war wie immer, Ruhe zu bewahren.

Diesmal unternahm JöRG nichts. Er wollte wissen, wie sich die Sache entwickelte. Kaffee, Frühstück, alles wie immer, aber JöRG ging vorsichtig um den quadratischen Wasserfleck herum – wenn es denn Wasser war, zumindest sah die Pfütze so aus. Als er das

Haus verließ, schloss er es sorgfältiger ab als sonst. Er wollte auf keinen Fall, dass seine Pfütze gestört würde. Jetzt dachte er schon: „meine Pfütze“.

Erst spät am Abend kehrte JöRG zurück. Sein erster Blick galt der Küche. Eine leise Hoffnung hatte er ja, aber er sah sich enttäuscht. Die Pfütze war geblieben, nur hatte sie sich wieder verändert. Jetzt war sie ringförmig, und die Mitte schien ganz trocken zu sein. JöRG kniete sich, noch im Mantel, auf den Küchenboden und langte vorsichtig in den Pfützenring hinein. Ja, die Fliesen in der Mitte waren tatsächlich ganz trocken.

JöRG griff wieder zum Telefon. Diesmal rief er eine Freundin an. Freundinnen heben die Stimmung und geben Trost. Manchmal sind sie auch sehr hilfreich. So dachte JöRG. Und die Freundin kam sofort, sah sich die Pfütze an, tippte vorsichtig mit dem Zeigefinger der Rechten in die Pfütze, schmeckte und befand, dass es sich wohl um Wasser handeln müsse. Warum JöRG das nicht auch probiert habe, wenn er sich nicht sicher war, ob die Flüssigkeit wirklich aus Wasser bestünde? JöRG wollte darauf nicht antworten, und das erwartete die Freundin auch gar nicht. Sie setzte sich frohgemut mit gekreuzten Beinen auf die Küchenbank, ließ sich den tollen Weißwein einschenken, von dem sie sagte, niemand habe besseren als JöRG und fing an zu plaudern. Nur über die Pfütze sprach sie nicht. Das machte sie, um JöRG auf andere Gedanken zu bringen. JöRG wusste das und fand es auch ganz gut so. So war sie immer, diese Freundin.

Die Freundin blieb bis zum nächsten Morgen. Sie kochte Kaffee, während sie mit einem Bein im und einem Bein außerhalb des Pfützenrings stand. Diese leicht unbequeme Haltung nahm sie aus lauter sportlichem Ehrgeiz ein, und das machte ihr sichtlich Spaß. Sie ging, bevor der Klempner kam. Wahrscheinlich hat sie ihm, als er in seinem Klempnerauto angefahren kam, noch fröhlich zugewunken, aber es kann auch sein, dass sie schon um die nächste Straßenecke gebogen war, als der Klempner in die Straße einfuhr, in der JöRG sein Haus hatte. Bis zur Straßenbahnhaltestelle war es nicht weit. Die Freundin fuhr ungefähr eine halbe Stunde zur Arbeit.

Der Klempner klingelte, und JöRG öffnete. Der Klempner hatte einen Schnauzbart. Er hatte einen großen Klempnerkasten dabei. Den stellte er auf die Küchenfliesen und besah sich die ringförmige Pfütze. Hm, meinte der Klempner, so eine Form sei wirklich eigenartig. Das könne wohl nur aus dem Fußboden kommen. Da müsse er ein paar Messungen durchführen und vielleicht ein paar Fliesen entnehmen, aber die könnten leicht ersetzt werden. Es würden ja heute bei den Rohren schon lange nicht mehr die optimalen Materialien verwendet. Davon könne er ein Lied singen. Aber er werde das schon hinkriegen.

So sagte der Klempner, und er wollte nur noch schnell zum Auto zurück, um ein paar Dinge für die Bodenmessung zu holen. JöRG vertraute dem Klempner vollkommen. Er blieb in der Küche, als dieser das Haus verließ. Und es war gut so, dass er in der Küche blieb, denn sonst hätte er sich selbst nicht mehr trauen können, seinen Wahrnehmungen nicht trauen können. Was er sah, war kaum zu glauben. Der Pfützenring begann leicht zu zittern, und es kam JöRG so vor, als fürchte sich das merkwürdige Wasser in seiner Küche. Es fürchtete sich wohl vor dem Klempner – wenn das nicht so unsinnig wäre. Der Pfützenring zog sich vor JöRGs Augen zusammen. Die Mitte schloss sich, der Umfang wurde gleichzeitig kleiner und kleiner. Das Wasser bildete eine Art Hügel, der, als er sich zu einigen Zentimetern aufgetürmt hatte, plötzlich in sich zusammensank und einfach verschwand. JöRG traute seinen Augen nicht, aber das ist nur eine Redensart. Er traute seinen Augen natürlich, aber er wusste sich einfach keinen Rat. Und als der Klempner mit seinen Messgeräten zurückkam, stand er ratlos da und zuckte verlegen mit den Schultern. Was das denn nun wäre, wollte der Klempner wissen und schaute auf JöRG und dann auf den Wischlappen, der immer noch in der Küche lag. Dass der

Wischlappen trocken war, konnte der Klempner nicht erkennen, denn er hatte nicht so gute Augen. JöRG versuchte zu erklären, was er gesehen hatte, aber der Klempner meinte, so etwas käme nicht vor. Und JöRG musste ihm Recht geben. So etwas kommt nicht vor. Er hatte es zwar gesehen, aber es konnte nicht sein. Nun denn, meinte der Klempner, dann habe sich die Sache wohl erledigt. JöRG könne aber selbstverständlich wieder anrufen, wenn dieser Wasserschaden oder besser gesagt, die *Gefahr* eines Wasserschadens wieder auftreten sollte. So verabschiedete sich der Klempner.

JöRG verließ die Küche nicht. Er hörte, wie der Klempner sein Auto startete und davonfuhr. Und er hatte einen Verdacht, der sich sogleich bestätigen sollte. Kaum war der Klempner fort, schlich sich die Pfütze wieder in die Küche. Ja, so konnte man das nennen. Zuerst zeigten sich ein paar Tropfen, hier und da auf den Fliesen. Dann floss das Wasser zusammen. Und diesmal bildete es ein scharf geschnittenes Karo. JöRG wunderte sich schon nicht mehr, aber die neue Pfütze beunruhigte ihn. Ihm wurde beklommen ums Herz. Und diese Formulierung wiederholte er für sich einige Male: *beklommen ums Herz.*

Mit diesen Worten und diesem Gefühl verging der Tag. Dann erschien die Erlösung, zumindest die Erlösung für den Moment. Das war niemand anderes als die Freundin. Sie war immer fröhlich und hatte immer gute Ideen. Und natürlich hatte sie JöRGs Pfütze nicht vergessen, auch wenn sie am Morgen so getan hatte, als sei das alles gar nicht ernst zu nehmen und mehr eine Art Spaß. Aber nun stand sie vor der Tür und hatte ihre Laborchefin mitgebracht. Die Freundin arbeitete in einem Labor und würde bestimmt einmal Karriere machen, aber noch hatte sie eine wichtige Chefin, mit der sie sich gut verstand. JöRG ahnte und wusste, dass die Freundin ihre Chefin sehr verehrte, dass die Chefin durchaus wichtiger war für sie als er. JöRG konnte das gut akzeptieren, und nun sah er die Laborchefin von Angesicht zu Angesicht. Die Laborchefin trug einen beigen Hosenanzug, sah aber sonst ganz angenehm aus. Sie hatte ein Köfferchen dabei, das JöRG entfernt an den Klempnerkoffer erinnerte, und sie hielt sich nicht lange auf. Sie kniete sich in erstaunlich eleganter Pose auf den Küchenfußboden und ließ ihr Köfferchen aufschnappen. Dem entnahm sie gewandt ein Reagenzröhrchen und eine Pipette. Sie zog eine Probe auf, träufelte sie sorgsam in das Röhrchen, verschloss das Röhrchen, klemmte es in ihr Köfferchen und verschloss das Köfferchen. Sie stand auf, das Köfferchen in der Hand. JöRG konnte nicht anders, als ihre schweigsame Athletik zu bewundern. Sie schien gegenüber bewundernden Blicken freilich immun zu sein oder bemerkte sie schlichtweg nicht. Also gut, sagte sie, Morgen werde man sicher schon ein Ergebnis haben. Das sei ja auch wirklich eine bemerkenswerte Erscheinung, um nicht zu sagen: *Faszinierend*. Bei diesem Zitat zuckten ihre Mundwinkel in leichtem Scherz. JöRG stellte sich blitzartig spitze Ohren vor, aber die Laborchefin schien dann doch für solche Witze wenig empfänglich. Also blieb JöRG so seriös wie sie. Ach übrigens, sagte die Laborchefin noch, die Kollegin habe ihr gesagt, es handle sich um einen Pfützenring, nun aber sehe sie ein Pfützenkaro vor sich. Und JöRG erläuterte, dass es mit einer kreisrunden Pfütze angefangen habe, dann sei ein Oval und ein Quadrat daraus geworden, dann ein Ring und nun eben ein Karo. Die Geschichte mit dem Pfützenberg und seinem Verschwinden erzählte er nicht. Die Laborchefin hörte aufmerksam zu. Wirklich seltsam, kommentierte sie noch. Aber morgen wisse man vielleicht mehr. Sie müsse nun gehen und wünsche noch einen schönen Abend.

JöRG blickte wieder zur Freundin. Die war etwas verlegen. Heute habe sie leider keine Zeit. JöRG verstand und sagte schnell: Trotzdem vielen Dank!

Am Mittwochmorgen klingelte schon um halb sieben das Telefon. Die Freundin war dran und ganz aufgeregt. Sie seien gleich wieder zurück ins Labor gefahren und hätten folgende Untersuchungen gemacht. Und dann zählte sie eine halbe Stunde alle

Untersuchungen auf, die die Laborchefin und die Freundin durchgeführt hatten. JöRG sah auf die Uhr. Es war exakt eine halbe Stunde, die die Freundin von den Untersuchungen berichtet hatte. Ihn erstaunte das Interesse der Laborchefin nach Feierabend und verstand die Begeisterung der Freundin. Das Ergebnis war jedoch eher ernüchternd. Also, sagte die Freundin: Nach allen Untersuchungen stünde das Ergebnis nun eindeutig fest. Es handle sich um Wasser und nichts weiter. Sie hätte sich mehr erwartet, aber es sei nunmal nichts anderes als Wasser.

JöRG gab sich mit dem Ergebnis zufrieden. Chemie ist das eine, das Leben der Elemente das andere. Er wollte aber an einem Mittwochmorgen nicht darüber philosophieren. Stattdessen unternahm er nochmal einen Wischversuch und fuhr ins Büro.

Der Mittwoch war nicht weiter anstrengend. JöRG verbrachte den Tag in einer routinierten Langeweile, die er auf seine Art genoss. Dann fuhr er nach Hause, heute mal mit dem Bus und nicht mit der Straßenbahn, und erwartete das Richtige. Die Pfütze war wieder da. Diesmal in der Form eines Herzens. JöRG nahm es hin, schaute die Nachrichten im Fernsehen und ging gegen seine Gewohnheit früh zu Bett.

Am Donnerstag erwachte JöRG von schweren Donnerschlägen. Am Donnerstag zog ein Gewitter über die Stadt. Für ihn hatte das keine weitere Bedeutung. Doch das Herz sah an diesem Donnerstag ziemlich schlapp aus. Regelrecht bedauernswert, dachte JöRG, und war doch zugleich in aggressiver Stimmung und latschte bewusste mitten durch das schon ziemlich zusammengeschrumpelte Herz. Kaum hatte er das getan und das Wasser in der ganzen Küche verteilt, tat es ihm auch schon wieder leid. Vielleicht sollte er mal eine andere Freundin anrufen, dachte er. Er sei wohl doch etwas heruntergekommen. Aber das würde auch nicht helfen. Das Herzwasser in der Küche hatte inzwischen sowieso eine andere Form gefunden und sah jetzt sternförmig aus. Das gab JöRG zu denken. Er schüttelte die Gedanken jedoch sofort wieder ab, denn heute stand ihm ein wichtiger Tag bevor. Heute ging es um eine Million oder mehr. Da durfte man nicht unkonzentriert sein. Kaffee, Frühstück, Büro. Am Abend, ziemlich spät, kehrte JöRG zurück. In bester Laune war er. Alles geschafft. Das war der beste Abschluss des Jahres, und das schon im Mai, flötete er innerlich vor sich hin. Als erfolgreicher Geschäftsmann durfte man schon mal ein bisschen kindisch sein. Die Pfütze war natürlich immer noch da, und immer noch sternförmig. Und JöRG schien es, als ob der Stern leuchte. – Großartig, dachte JöRG: die Pfütze – dein Freund!

An diesem Donnerstagabend, wenn es auch schon spät war, lud mich JöRG noch zu sich ein. Ich ignorierte die Frage, warum er mich in so einer schwerwiegenden Angelegenheit wie einer Küchenpfütze erst am Donnerstag zu Rate zog. Ich freute mich, dass er überhaupt noch an mich dachte. So gegen 22 Uhr saß ich in seiner Küche und schaute mir den Pfützenstern an. Ich bin ein bisschen experimentierfreudig. JöRG wusste das natürlich und hat mich damals sicher auch deswegen eingeladen. Ich schlug ihm vor, den Stern aufzuwischen und zu sehen, was dann käme. Das machten wir und es kam eine Schlange dabei heraus, die die Küche in zwei Hälften trennte. Das war nicht so bequem. Weitere Wischversuche führten zu nichts. Es formte sich immer wieder dieselbe Schlange. Schließlich ließen wir diese Experimente sein. JöRG meinte, wir hätten die Pfütze verärgert und sollten sie in Ruhe lassen. Er meinte, wir könnten einen Whisky am Kamin trinken. Der Kamin sei natürlich im Mai nicht in Betrieb, aber er habe einen Blumenstrauß davorgestellt und die Atmosphäre sei doch auch so gemütlich. Ich sagte nicht nein. Und als ich dann ging, schaute ich nochmal in die Küche. Die Pfütze war wieder sternförmig. Aha, dachte ich, verabschiedete JöRG mit einem großen Dank für den schönen Abend und fuhr mit dem Taxi, das JöRG vorsorglich bestellt hatte (er behielt ja immer einen klaren Kopf), nach Hause.

Am Freitag passierte nicht viel. JöRG schlief lang, denn nach so einem Donnerstag war eine Pause erlaubt. JöRG rasierte sich wie an jedem Morgen, nur dass er an diesem Morgen beschloss, nicht ins Büro zu fahren. JöRG konnte sich das erlauben, denn er war ein freier Mensch und war sich dessen sehr wohl bewusst. Nicht viele Menschen können das von sich sagen.

Und am Freitagabend war ich schon wieder bei ihm, denn JöRG hatte spontan zu einer Party eingeladen, zu so einer Party, wie sie JöRG liebte. Zusammenkommen, erzählen, plaudern. Das war JöRGs Welt. Und die Pfütze war ein prima Anlass. *Pfützenparty.* So nannte JöRG das. Auf der Party war einiges los. Das muss man nicht alles berichten Die Bewunderung für die Sternpfütze war groß. *Hat nicht jeder*, sagte einer der Gäste. Und die Freundin erzählte breit, lustig und blumig (manche würden es sogar orientalisch nennen), wie sie und die Laborchefin (die JöRG übrigens vermisste) eindeutig nachgewiesen hätten, dass die Pfütze wirklich aus Wasser bestünde, aus Wasser und aus nichts anderem. So wie sie das erzählte, veranlasste es andere Freundinnen in Zukunft nicht mehr so viel mit JöRG zu tun haben zu wollen. In dieser Hinsicht war der Abend der Sternpfützenparty zwiespältig, aber das ist nicht weiter von Belang. Auch für JöRG war das nicht weiter von Belang.

Es gab einen Gast, an den sich JöRG später gar nicht mehr erinnern konnte. Er meinte, er habe diesen Gast ganz sicher nicht eingeladen und wisse auch nicht, wer er gewesen sei. Aber wenn einer einmal auf dem Sofa sitzt, dann kannst Du schlecht sagen, er solle gehen, denn er sei nicht eingeladen. Der Gast sei ja auch sehr freundlich und sehr sympathisch gewesen. Ich kannte diesen Gast genauso wenig wie JöRG.

Der Gast nahm zu später Stunde ein Buch aus der – das muss ich sagen – gut sortierten Bibliothek JöRGs und las daraus vor. Dieses Buch handelte von einer Erde, die auf der anderen Seite der Sonne um die Sonne kreist und deshalb von der Erde aus niemals zu sehen ist. Diese Erde nannte der Autor, ein großer Dichter und

Philosoph, *Zwerde*, damit niemand sie mit der Erde verwechseln möge. Auf Zwerde ist scheinbar alles so wie auf der Erde, aber da es auf Zwerde ist, ist es eben nicht auf der Erde. Auf Zwerde gibt es auch *Wasser*. Diese Information betonte der Gast besonders, als er sie vorlas. Aber das Wasser ist kein Wasser, eben weil es auf Zwerde fließt. Es ist auch nicht Ha-zwei-o, wie unser Wasser von den Chemikern auf der Erde genannt werde, da auf Zwerde die Chemie eine andere sei. Man könne das Zwerdewasser aber bedenkenlos trinken und wenn es jemand auf die Erde transportieren würde, käme bei den Chemikern nichts anderes als Ha-zwei-o heraus, da die Chemie auf der Erde den Raffinessen auf Zwerde nicht gewachsen sei. Bei diesem Zitat blinzelte er der Freundin provokant zu. Der Klempner trank gerade ein Bier aus und wollte etwas sagen, aber die Freundin kam ihm zuvor und erklärte entschieden, nun sei es wirklich schon sehr spät. Der Gast mit dem Buch stellte das Buch in JöRGs Regal zurück. Die Gäste, die anderen Gäste, die noch da waren, tranken schnell und leicht verlegen die Gläser aus. JöRG schlug unvermittelt das Herz bis zum Hals. Auch das ist so eine Redensart. Die Gäste gingen jedenfalls einer nach dem anderen und eine nach der anderen und bei mancher der letzteren wusste JöRG, dass er sie so oft nicht wiedersehen würde. Er nahm es hin. Was aber mit dem Gast war, der aus dem Buch über Zwerde gelesen hatte, das wusste niemand. JöRG hatte ihn nicht verabschiedet. Die Freundin hatte nicht gesehen, wie er ging. Er war einfach weg.

Als JöRG und die Freundin allein waren, schauten sie sich an. Ich weiß darüber natürlich nichts Genaues, denn auch ich war ja auch nur unter den Gästen gewesen und längst gegangen. JöRG hat mir auch nicht viel von der Freundin erzählt. Das ist letztlich seine Sache. Er hat mir aber erzählt, dass er sehr erschrocken gewesen sei und dass die Freundin sehr gut verstanden habe, warum, denn als der letzte Gast gegangen sei, habe es Mitternacht geschlagen. Dieser Schlag sei nur ein mattes Piepen der Küchenuhr, aber die Botschaft dennoch eindeutig gewesen. Die Freundin und JöRG hätten sich bei den Händen gefasst und seien in die Küche gegangen. Und sie sahen, was sie befürchtet hatten. Sie sahen nichts. Die Pfütze war verschwunden. Die Pütze war weg.

Seit wie langer Zeit sucht die Menschheit nach Leben, nach intelligentem Leben im All. Und dann kommen die Anderen zu Gast in deine Küche, und du merkst es nicht! Du gehst sogar so weit, sie aufwischen zu wollen! JöRG wollte vergehen vor Scham.

Pass mal auf, sagte da die Freundin: – Die haben uns eine Botschaft gesandt. Wie sind sie nochmal erschienen …? Und sie nahm gleich den Küchenblock und den Bleistift, die immer für Einkaufslisten bereitlagen, und begann den Code der Pfützengäste aufzuschreiben, und JöRG durchlief eine heiße Welle der Bewunderung für so eine praktische Freundin, die nach Mitternacht in seiner Küche saß. Aber davon wollen wir uns jetzt nicht ablenken lassen. Die Freundin notierte: Am Anfang war ein Kreis. Dann kamen ein Oval und ein Quadrat … Folgendes kam dabei heraus: Kreis – Oval – Quadrat – Ring – Karo – „Berg und Verschwinden" (aber das zählt wahrscheinlich nicht, das zeigt nur, dass auch die Anderen nicht alles mit sich machen lassen) – Herz – Stern – Schlange (mehrmals) – Stern.

JöRG und die Freundin schauten sich das Ergebnis an. Die Freundin schrieb es nicht nur hin, sondern malte es auch auf, und das sah sehr schön aus, denn die Freundin hatte sehr geschickte Finger. Aber es half nichts. JöRG konnte die Botschaft nicht entziffern, und die Freundin konnte es auch nicht. Und ich konnte ihnen genauso wenig helfen. Ich habe die Zeichnung abgemalt und an den Badezimmerspiegel geklebt. Das hat leider keine Lösung gebracht.

JöRG findet das Ergebnis der Geschichte *niederschmetternd*. So nannte er es wörtlich. Die Freundin nahm es nicht so schwer, und ich denke, sie wird wohl Recht haben. Es wird eine Erklärung geben. Bis dahin lasse ich den Zettel an meinem Badezimmerspiegel kleben. Wenn nötig, erneuere ich den Kleber.

Epilog: Wie der Mond gerettet wurde

Am Badesee führt immer noch ein Radweg entlang. Im Badesee baden im Sommer, wenn es nicht regnet, viele Leute. Kinder spielen in einem abgetrennten Bereich. Rote und weiße Kugeln schwimmen auf der Wasseroberfläche. Manchmal ist es windstill. Manchmal weht ein starker Wind, treibt gelegentlich eine Luftmatratze oder eine Gummiente ab. So ist es jedes Jahr.

Auch damals, als die Geschichte begann, war es so. Ein Radfahrer fuhr entlang des Radwegs. Der Mond war schon aufgegangen. Blass sah er aus, lächelte aber gutmütig. Ein Mädchen spielte mit einem Ball in diesem frühen Mondlicht. Kleine Wellen schlugen dem Mädchen bis fast unters Kinn.

– Kann es nicht auch ein Junge sein? – wird das Kind fragen, dem diese Geschichte in ferner Zukunft erzählt wird.

– Natürlich kann es auch ein Junge sein – werde ich antworten, oder ein anderer, der die Geschichte erzählen will: – Ein Junge spielte also im frühen Mondlicht mit einem blauen Ball. Er warf den Ball in die Luft ins Mondlicht hinein. Er drückte den Ball unter Wasser und ließ ihn in einer Fontäne funkelnder Tropfen emporspringen. Und in diesem Sprühregen im Mondlicht verwandelte sich der blaue Ball in eine leuchtende Silberkugel, grad so wie der Mond.

– Schau mal, Papa – rief der Junge: – Mein Ball ist der Mond!

Der Papa lag im Liegestuhl und faltete die Zeitung zusammen. – So, so – brummte er und dachte: Tatsächlich, der fliegende Ball sieht aus wie der Mond. Aber er sagte: – Ich glaube, es ist Zeit aufzubrechen. Es ist schon spät. – Und er stand auf und klappte den Liegestuhl zusammen. Auch schaute er sich nach dem Badehandtuch um. Gleich würden sie ins Auto steigen und nachhause fahren.

Was der Papa gerade in der Zeitung gelesen hatte, was ihn aber nicht weiter interessierte, war, dass auf dem Mond, der so aussah wie der blaue Ball in seinem Licht, längst die Bagger fuhren und Kräne sich drehten und Container beladen wurden. Denn schon seit Jahren wurde Mondgestein abgebaut und zur Erde gebracht.

Mondgestein ist besseres Baumaterial als jede Gesteinsart auf der Erde, von Beton ganz zu schweigen. Das wird die Zukunft noch zeigen. Alle wollen darum Mondgestein. Häuser aus Mondgestein, Autobahnen aus Mondgestein, Brücken aus Mondgestein usw. Und deshalb wird in ferner Zukunft Mondgestein abgebaut und zur Erde geflogen werden. Denn das wird sich lohnen.

Aber dem Mond wird das nicht gleichgültig sein. Er wird unter so viel Gesteinsverlust leiden. Der Mond hat seit Jahrmillionen ein gütiges Lächeln im Gesicht. Dieses Gesicht droht sich zu verziehen, denn die Krater und die Höhen, die ihn lächeln machen, schwinden.

Noch wird das niemand bemerken. Aber der Mond wird wissen, wie locker sein Gestein schon geworden ist. Und gerade im rechten Mundwinkel wird der größte Verlust drohen. Auch die Mondfinsternisse werden ihm zusetzen. In der Kälte der Finsternis gefriert das Gestein und dehnt sich und platzt auseinander. Und nicht viel wird mehr fehlen, und ein wichtiger Brocken wird ihm aus dem Gesicht fallen und das Lächeln in ein unzufriedenes Murren verwandeln.

Zum Glück ist der Mond nicht dumm, und er ist nicht allein. Er hat die Sterne, die ihm helfen. Der Mond wird längst eine Lösung gefunden haben. Sie wird nicht einfach sein, aber gelingen.

Das Mondlicht verwandelt alles. Es ist kein Zufall, dass ein blauer Plastikball in seinem Licht glänzen wird wie er, der Mond selbst. Dann wird der Plastikball ein Mondball sein.

Und so wird der Plan aussehen, den der Mond erdacht und die Sterne ausgeführt haben werden: In seinem Licht wird der Mond alles leichte Material auf der Erde in Mondmaterial verwandeln.

Und die Sterne werden es zum Mond hinaufbringen. Vorzugsweise Plastikbälle werden es sein. Dann wird der Mond zum Teil aus Plastikbällen bestehen, aber das wird nicht schlimm sein, denn niemand wird es merken, denn der Mond, wie gesagt, verwandelt mit seinem Lichte alles.

Und so werden ich oder ein anderer die Geschichte weiter erzählen können, und das ist das Tröstliche, dass die Geschichte immer weiter erzählt werden kann:

Der Junge spielte mit seinem Ball, und der Vater wollte aufbrechen. Noch einmal, dachte der Junge und ließ den Ball wieder in die Höhe schießen und die Wasserfontäne flog hinterher. Der Junge staunte: Dieses Licht. Wie silbern der Ball aussah. Und wie hoch er flog! Aber wohin flog er? Viel zu weit! Oje, der Ball kam viel zu weit ab. Er platschte aufs Wasser grad da, wo schon die Sperrleine schwamm. Und dann kam ein Wind auf und trieb den Ball vor sich her und trieb ihn auf den See hinaus. Und der Junge kam nicht hinterher, und auch der Vater war ganz ratlos und stand am Ufer und schaute dem Ball nach, der kleiner und kleiner wurde, bis er kaum noch von der Wasseroberfläche zu unterscheiden war.

Niemand sollte denken, dass sei ein dummer Zufall gewesen. Nein, das war der Plan der Sterne. Denn die Sterne wussten, dass sich bald ein wichtiges Stück Mondgestein aus dem Mond lösen und zur Erde stürzen werde. Und die Sterne wussten auch genau, wo es auf der Erde landen sollte. Und deshalb suchten sie einen Mondball, also einen Plastikball, den der Mond in seinem Licht verwandelt hatte, und fanden einen ganz nah der erwarteten Absturzstelle des Mondgesteins.

– Mondball, Mondball! – riefen die Sterne dem Mondball zu: – Schwimme in die Mitte Sees! – Und der Mondball hörte die Sterne und tat, wie sie sagten. Deshalb sprang er höher aus dem Wasser als sonst und legte sich in den Wind und fuhr über die Absperrleine hinaus auf den See. Das frühe Mondlicht half ihm dabei. Und als er die Mitte des Sees erreicht hatte, da löste sich wie erwartet ein Mondstein aus dem Mond und fiel in den See, und das gab einen Wassertrichter und eine Fontäne und einen Rückstoß, der den Mondball in die Höhe trieb. Wie eine Rakete schoss der Ball weit hinein in die Umlaufbahn der Erde und darüber hinaus mit neuem Schwung und auf dem Leitstrahl des Mondlichts hin zu dem Ort, von dem der Mondstein sich gelöst und zur Erde gefallen war. Und die Geschwindigkeit, mit der der Mondball dort in die Lücke raste, drückte ihn fest in die Oberfläche, und die Lücke war geschlossen.

Mondbälle sind flexibel. Dieser Mondball passte sich so gut an, dass niemand auf der Erde und niemand auf dem Mond den Unterschied zum ursprünglichen Stein bemerkte. Auch hatte niemand gesehen, wie ein Stein ins Wasser fiel und ein Ball aus dem Wasser ins All flog. Es war, als wäre nichts geschehen.

Doch am Ufer stand ein Junge und weinte, denn er hatte seinen Ball verloren. Und auch sein Vater konnte ihn nicht trösten.

Das sahen die Sterne, und es tat ihnen leid, und dann hatten sie eine gute Idee.

Mondgestein ist hart, aber leichter, als du denkst. Viel leichter als terrestische Steine. Und deshalb schwamm nun ein heller, silberner Mondstein nutzlos auf dem See herum und hatte keine Beschäftigung. Wenn nun dieser Stein wieder auf den Mond katapultiert werden könnte, zurück an die Stelle, von der er sich löste, mit gleicher Kraft wie der Mondball, der ihn nun ersetzte, dann würde er sicher genauso tief in den Mond gedrückt und bestimmt noch viele, viele Jahre dort halten.

– Mondball, Mondball! – riefen die Sterne zum Mondball auf dem Mond: – Du musst zurück zur Erde springen, dorthin, wo der Mondstein schwimmt.

Für den Mondball war das lästig. Für den Mond auch, der dachte: – Ob das wohl gut geht?

Aber sie ließen sich überreden, und so sprang der Mondball vom Mond in den See und schlug auf die Wasseroberfläche und hüpfte und sprang auf ihr viele, viele Male auf und ab und gab dem Mondstein, der wirklich sehr leicht war, einen ordentlichen Schwung, und der Mondstein flog und flog und setzte sich an Ort und Stelle, und da sitzt er heute noch und lässt den Mond gütig lächeln.

Der Monball aber trieb über den See als einfacher blauer Plastikball und verfing sich schließlich im Schilf am Ufer. Dort fand ihn ein Angler. Das war der Radler, der eine Stunde zuvor am Seeufer entlang geradelt war, um einen Platz zu finden, an dem er seine Angel auswerfen konnte.

Der Angler fing keine Fischer, aber er fand den Ball. Und es traf sich, dass der Junge, der den Ball verloren hatte, dem Angler begegnete, als er mit seinem Vater schon auf dem Heimweg war. Und was für ein Glück, dass der Angler den Ball gefunden hatte, denn so konnte er dem Jungen den Ball zurückgeben.

Es kann natürlich auch sein, dass nicht der Angler, sondern der Vater den Ball gefunden hat. Auf dem Nachhauseweg sah er den Ball am Ufer treiben. Genau da, wo der Angler saß und angelte. Der Vater sagte: – Guten Abend – und kletterte ins Schilf und holte den Ball aus dem Wasser, und der Junge war glücklich.

Und so ging alles gut aus. Der Junge hatte seinen Ball, und der Mond lächelte gütig.

Das ist die Geschichte, wie der Mond gerettet wurde.

So werde ich die Geschichte beenden oder derjenige, der sie erzählen wird.

Aber das Kind wird sagen: – Hm, ja, aber eigentlich hat der Junge den Mond gerettet.

– Wieso? – werde ich oder wird ein anderer fragen.

– Weil er den Ball verloren hat.

Und ich werde antworten oder ein anderer an meiner Stelle: – Ja, und der Angler hat den Jungen gerettet – oder das Mädchen.

Der Junge oder das Mädchen, der Angler oder der Vater. Je nachdem, wer den Ball verloren und wer den Ball wiedergefunden hat. Vielleicht war es JöRG. Oder es waren die Sterne, fällt mir noch gerade ein, denn die wissen ja immer alles genau und im Voraus. Das sowieso.